Chapitre

Ouvrage publié avec le concours
de la Foundation for the Production
and Translation of Dutch Literature

Titre original : *Een kleine kans*

ISBN : 978-2-02-096904-8
N° 096904-1

Loi n° 49-956 du 16 juillet 1949 sur les publications destinées à la jeunesse.

Marjolijn Hof

UNE PETITE CHANCE

Traduit du néerlandais
par Emmanuèle Sandron

Seuil
jeunesse

– Et elles peuvent vivre jusqu'à quel âge ? j'ai voulu savoir.

– Ça dépend, a dit le jeune homme. Deux ans, c'est déjà beaucoup mais, parfois, elles vivent plus longtemps. Si on s'en occupe bien.

– Tu choisis laquelle ? a demandé ma mère.

J'ai indiqué une souris qui restait blottie dans son coin.

Le vendeur a mis la main dans le bac et a repoussé plusieurs souris.

– Regarde, il a dit. Il faut la prendre par la queue. Jamais au bout, mais tout près de son derrière.

Et il a attrapé la souris.

– C'est un mâle ou une femelle ? a demandé ma mère.

Le vendeur a regardé la souris de près.

– Un mâle, je pense.

– Il nous faut aussi une cage, a dit ma mère.

– Bien sûr, a dit le vendeur. Et un paquet de sciure et une maison pour la nuit. Je vous conseille aussi une petite roue. Sans oublier la mangeoire et l'abreuvoir. Et un petit jeu, peut-être ?

L'idée d'acheter tant de nouveautés a fait un peu peur à ma mère.

– Une cage et de la sciure, elle a dit. Et une petite roue. Et un abreuvoir. C'est tout.

Le vendeur a pris un bac en plastique surmonté d'un couvercle à trous.

– C’est ce qu’il y a de mieux, il a dit. La sciure ne risque pas de s’éparpiller. Mais ne laissez jamais la cage en plein soleil !

J’ai fait oui de la tête.

– Mettez aussi un sac de nourriture, a dit ma mère.

À la maison, j’ai installé la cage dans ma chambre. Sur l’appui de la fenêtre. La souris s’est mise à courir nerveusement d’un côté à l’autre. Elle allait renifler l’abreuvoir, puis la petite roue. J’ai passé ma main dans la cage. Elle est venue renifler mes doigts. Ça chatouillait un peu.

– Lulu ! j’ai dit et, délicatement, je l’ai prise par la queue.

Puis, je l’ai tenue la tête en bas. Je voyais l’intérieur de ses petites pattes. Elles étaient toutes roses.

5

Quand je suis revenue de l'école, ma mère était assise sur le canapé. À côté du téléphone.

– Il s'est passé quelque chose ? j'ai demandé.

– Non.

– Si !

– Mais non, je t'assure !

Je me suis assise à côté d'elle.

– Il y a un problème avec papa ?

Elle m'a donné une petite tape sur la cuisse.

– Mais enfin ! Où vas-tu chercher ça ?!

– Comme ça. Tu as une drôle de tête.

– J'attends, a dit ma mère. J'attends un coup de fil de papa.

– Moi aussi, je veux lui parler !

Mona est venue s'asseoir entre nous. Elle a laissé échapper un pet puant.

– Comment va ta souris ?

– Elle s'appelle Lulu.

– Lili et Lulu, ça va bien ensemble.

Nous sommes restées silencieuses un moment.

– Tu n'es pas obligée d'attendre, tu sais, a dit ma mère. Je t'appellerai quand papa téléphonera.

Elle savait que je déteste attendre. À deux, c'est encore pire, parce qu'on a encore plus l'impression d'attendre. Toute seule, on peut faire semblant d'être assise confortablement sur le canapé. Ou aller s'étendre sur son lit. Ou caresser le chien. Ou lire un livre.

Je me suis levée pour aller dans ma chambre. Mona s'est étendue de tout son long sur le dos en tendant les pattes vers le plafond, prête à se faire caresser par ma mère.

Il faisait chaud dans ma chambre. Les rayons du soleil tombaient sur l'appui de la fenêtre. L'intérieur de la cage était humide. Lulu était tapie dans un coin. Je l'ai soulevée en la tenant par la queue. Je l'ai déposée sur mon bras, et elle a trottiné jusqu'à mon épaule. Elle sentait la pisse de souris.

En bas, le téléphone s'est mis à sonner.

– Lili ! a crié ma mère. Liliiiiii !

J'ai déposé Lulu dans sa cage et j'ai descendu l'escalier en courant.

Ma mère tenait le combiné du téléphone.

– Oui, disait-elle. Oui… Oui… Oui… Non… Non !… Ici aussi. Très, très beau. On aurait presque envie de se mettre en bikini… Oui, ça ira… Non, ne t'en fais pas… Pas du tout… Bien… Mardi ?… Elle va bien… La voici… Au revoir… Au revoir mon chéri… Oui… Au revoir… Au revoir…

Elle m'a tendu le combiné.

– Papa ?

– Bonjour, Lili ! a dit mon père. Il fait beau, à ce qu'il paraît.

Sa voix était toute proche. Plus proche qu'en vrai.

– Il fait chaud.

– Ici aussi, il a répondu. Mais ce matin, nous avons eu du brouillard.

– Et maintenant ?

– Plus maintenant. Lili ?

– Oui ?

– Tu me manques.

– Oui, j'ai dit.

– Je rappellerai mardi.

– Tu me manques aussi, j'ai dit. Et j'ai une souris.

– Une souris ? Une vraie ?!

– Bien sûr, une vraie !

– Génial ! Bon, Lili, je dois raccrocher maintenant. Au revoir !

– Au revoir. Tu fais bien attention ?!

– Oui, a répondu mon père. Et toi ?

– Moi aussi, j'ai dit. Et toi ?

– Moi aussi, il a dit. Et toi ?

– Moi aussi, j'ai dit. Et toi ?

– Moi aussi, a répondu mon père. Mais maintenant je dois vraiment raccrocher. Bisou !

– Bisou !

J'ai entendu un petit clic dans le combiné, puis un long tûûûûût.

– Il est parti, j'ai dit à ma mère.

Elle a fait oui de la tête.

– Tu viens t'asseoir ? Tu veux un jus de fruits ?

– J'arrive tout de suite ! Il faut d'abord que j'aille voir en haut !

– Ça ne peut pas attendre ?

– Non ! La cage de Lulu est en plein soleil !

– Ça ne va pas ! a dit ma mère.

– Je sais !

Et je suis montée quatre à quatre.

6

Pendant un petit moment, je n'ai plus pensé à mon père. Avec une caisse en bois, j'ai fabriqué une maison où Lulu pourrait dormir la nuit. Puis, j'ai lu un livre sur la police pour préparer mon exposé pour l'école. Quand je suis arrivée à la dernière ligne, c'était décidé : pour rien au monde je ne voulais devenir policière. Je l'ai dit en classe, pendant mon exposé. J'ai expliqué que je n'avais aucune envie de devoir résoudre des problèmes toute la journée. Je préférais devenir coiffeuse ou pilote. La maîtresse m'a mis neuf parce que j'avais donné mon avis.

Quand je suis rentrée à la maison, ma mère était occupée à scier un meuble au beau milieu du salon.

– J'ai eu neuf !

– Bien !

Elle était penchée sur une petite armoire couchée sur le flanc et qui n'avait plus que deux pieds.

– C'est pour toi, elle a dit. Pour mettre à côté de ton lit.

Elle a frappé sur la tablette de l'armoire.

– Ce sera parfait pour poser la cage de Lulu.

Après s'être redressée, elle a ouvert une petite porte.

– Et ici, tu pourras ranger sa nourriture. Ou un livre. Ou autre chose.

– Pourquoi tu lui scies les pieds ?

– Parce qu'ils étaient branlants.

J'avais envie de dire que je n'aimais pas les vieilleries, mais, en réalité, j'étais plutôt contente. Sans pieds, cette armoire serait bien pratique.

– D'accord, j'ai dit.

Ma mère a continué à scier. Je me suis approchée du téléphone pour appeler Marjorie. C'était mon amie depuis longtemps, mais je ne la voyais pas souvent. Avec ses cours de violon et de gymnastique, elle n'était pas beaucoup chez elle.

– Papa doit appeler d'une minute à l'autre, a dit ma mère. Ne bloque pas trop longtemps la ligne, d'accord ?

J'ai reposé le téléphone.

– C'est pas la peine, j'ai dit. De toute façon, Marjorie n'a pas le temps. Elle doit s'entraîner pour son flip-flap.

Ma mère a scié le dernier pied. Elle a redressé la petite armoire et l'a installée près de mon lit. Puis, elle a passé l'aspirateur.

Mon père n'appelait pas. Ma mère emportait le téléphone partout avec elle. Dans la cuisine, quand elle a préparé le repas. Au jardin, pendant qu'on mangeait. Le soir, elle l'a monté à l'étage. Elle a fourré des serviettes sales dans la machine à laver, m'a ordonné de me laver les dents et a secoué ma couette. Le téléphone restait muet.

– Si papa appelle, réveille-moi ! j'ai dit.

– Non, il faut que tu dormes ! Il se peut qu'il téléphone très tard ou qu'il ne téléphone pas du tout. Il nous appellera peut-être demain.

– Je n'arriverai pas à m'endormir.

Ma mère a fermé les rideaux.

– Ça pue la souris, ici, elle a dit.

– Je ne dormirai pas, ai-je dit encore.

Ma mère est descendue en emportant le téléphone, et je me suis mise à écouter le silence de toutes mes forces. J'ai entendu toutes sortes de bruits : des pas, la télévision, la porte du buffet, Mona qui aboyait. Lulu courait dans sa cage, puis elle s'est mise à ronger quelque chose et elle a fait tourner sa roue. J'avais posé sa cage sur ma nouvelle armoire. Lulu faisait tellement de bruit qu'elle m'empêchait de surveiller ce qui se passait en bas.

Le lendemain matin, ma mère m'a dit que mon père n'avait toujours pas téléphoné. Il n'a pas téléphoné de la journée, ni le surlendemain. La sonnerie retentissait quelquefois, mais c'était souvent mamy qui voulait savoir si on avait des nouvelles.

– Mais qu'est-ce qui se passe ? j'ai demandé.

– Rien, a répondu ma mère. Papa se trouve quelque part au beau milieu de la brousse. Il doit être dans l'impossibilité d'entrer en contact avec nous. Ce n'est pas la première fois que ça arrive.

– On peut téléphoner de n'importe où ! Même dans la brousse !

– Ce n'est pas vrai, a dit ma mère. Ici, oui, mais pas là où se trouve papa.

– Mais il est où, alors ?!

– Quelque part où il est dans l'impossibilité de téléphoner, a répété ma mère.

– Où ?!

– Dans la brousse, sur la piste ! Et il n'a pas le moyen de téléphoner.

– Mais je VEUX qu'il téléphone !

– Maintenant, tu vas m'écouter ! a dit ma mère. Papa nous téléphonera. Il est parti rejoindre un petit hôpital de campagne, loin de la ville. C'est qu'il n'est pas encore arrivé. Tout va s'arranger.

– Tu ne sais pas où il est !

– Je ne sais pas *exactement* où il est.

Alors, ma mère a sorti une carte de l'armoire et l'a dépliée sur la table. Elle m'a indiqué une rivière qui traversait du vert en sinuant. Son doigt a suivi la rivière et s'est arrêté sur une tache bleu clair.

– Ici, elle a dit. Il est dans les environs de ce lac. Tu vois, je sais plus ou moins où papa se trouve.

– Plus ou moins, mais pas exactement.

– Non, pas exactement. Parce qu'il est dans la brousse, sur la piste.

7

Le lendemain, mon père n'a pas téléphoné non plus. Par contre, mamy a appelé cinq fois. Et des tas de gens que je ne connaissais pas.

Je retirais souvent Lulu de sa cage. Je l'apprivoisais. Elle courait sur mon bras, jusqu'à mon épaule, et venait flairer mon oreille. Je la posais sur mes cheveux pour qu'elle les grignote. Elle était on ne peut plus vivante, il était clair qu'elle ne mourrait pas de sitôt. Je n'aurais peut-être pas dû la retirer de l'appui de la fenêtre. Si je l'avais laissée là, elle aurait peut-être fondu au soleil jusqu'à ce que mort s'ensuive. Dans ce cas, j'aurais été une petite fille avec une souris morte. Et le risque d'avoir à la fois une souris morte et un papa mort est très mince.

En réfléchissant, j'ai trouvé cinq façons de faire mourir une souris :

1. la laisser fondre au soleil
2. lui trancher la tête
3. la noyer
4. la laisser tomber par la fenêtre
5. la donner à un chat.

Mais j'en avais la nausée rien que d'y penser. Parce que je savais désormais que Lulu avait des petits poils tout doux sur le corps et des coussinets roses au bout des pattes. Je commençais même à l'aimer un petit peu. Et j'avais parlé d'elle à mon père.

Alors je suis retournée à l'animalerie.

– Je voudrais une deuxième souris, j'ai dit.

Le jeune homme m'a conduite jusqu'au bac à souris. Une dizaine de souriceaux y trottinaient.

– Vous n'avez pas de vieilles souris ? j'ai demandé.

– Personne ne voudrait d'une vieille souris.

– Moi si. J'en veux une vieille. Ou une malade.

– Les souris que nous vendons ne sont pas malades, a dit le jeune homme. Qu'est-ce que tu veux exactement ?

– Le mieux, ce serait une très vieille souris.

Le jeune homme m'a regardée.

– Quelle idée ! Qu'est-ce que tu en ferais ? Tu n'élèverais pas un serpent, par hasard ?

– Non ! j'ai dit.

– Je demandais ça en toute logique. Il y a des serpents qui mangent des souris.

– C'est pour l'école, j'ai inventé. La maîtresse nous a dit qu'il fallait aider les autres. Et qu'il fallait s'occuper des vieilles personnes et des malades et…

– Et… ?

– Et des vieux animaux, j'ai dit. Si plus personne ne s'occupe d'eux, ils se laissent mourir. Je voulais aller à la fourrière pour recueillir un vieux chat, mais ma mère n'a pas voulu. Mais une vieille souris, ça va, elle est d'accord.

– Ah bon, a dit le jeune homme.

Je ne savais pas que j'étais capable de mentir aussi bien. J'avais déjà essayé plusieurs fois, bien sûr, mais en général, ça ne marchait pas. Ma mère arrivait toujours à voir que je lui racontais des bobards et, à l'école, on ne me croyait presque jamais. Mais le jeune homme de l'animalerie avait l'air de ne rien soupçonner.

– Ça me fera gagner des points, j'ai ajouté.

– C'est difficile, tu sais, a dit le jeune homme. Je te l'ai dit, je n'ai pas de vieille souris.

– Dommage.

Le jeune homme réfléchissait.

– J'ai bien une souris qui a une malformation congénitale... Je ne pourrai rien en faire, de toute façon.

Il a disparu derrière la porte de l'arrière-boutique en disant :

– Ne touche à rien, je reviens !

L'instant d'après, il me tendait une petite boîte en carton dans laquelle se trouvait une petite souris toute rose. Elle était presque chauve.

– Tu ne vas pas faire de bêtise, au moins ? a demandé le jeune homme.

– Non, non, j'ai dit.

– Et ne la mets pas avec l'autre souris !

Le jeune homme m'a donné la boîte.

– C'est un souriceau, mais il n'en a plus pour longtemps.

Le souriceau a bougé une petite patte.

– Il a mal ?

– Non, a répondu le jeune homme. Sinon, j'aurais fait quelque chose.

– Je m'occuperai bien de lui.

– Tu fais une bonne action ! Mais il ne vivra vraiment pas très longtemps, tu as compris ça ?

J'ai fait oui de la tête.

8

C'est un cri qui m'a réveillée. C'était ma mère. Elle était dans la salle de bains, le téléphone à la main.

– Non ! hurlait-elle. Arrête de m'appeler tout le temps comme ça !… Non… Mais merde, il est à peine six heures et demie du matin !… Non !… Je te préviendrai, ne t'en fais pas… Bien sûr que non… Au revoir !

– C'était mamy ? j'ai demandé.

– Oui, a répondu ma mère. C'était mamy.

– Vous vous êtes disputées ?

– Non. Enfin, pas vraiment. Elle n'arrête pas de téléphoner. Et chaque fois, je crois que c'est papa.

– Donc, papa n'a pas téléphoné ?

– Non. Papa n'a pas téléphoné.

– Tu crois qu'il le fera aujourd'hui ?

– Lili, a dit ma mère, laisse-moi tranquille un petit peu !

Je suis allée dans ma chambre pour regarder le souriceau. Il était étendu dans sa boîte, immobile. Il n'avait pas l'air très vivant. Mais je n'étais pas sûre non plus qu'il soit mort. Quand j'ai eu fini de m'habiller, il était toujours dans la même position. Et quand j'ai dû descendre pour aller prendre mon petit déjeuner, il n'avait toujours pas bougé.

Je suis allée à l'école. C'était quand même un peu bizarre. J'aurais peut-être dû être triste. Un tout petit peu triste, puisque ce n'était de toute façon qu'un tout petit souriceau et que je venais de l'avoir.

Après la classe, Marjorie a voulu m'accompagner à la maison. Sa prof de violon était malade. Elle était libre tout l'après-midi.

– Tu peux venir, j'ai dit. Si tu n'as pas peur des souris.

– Tu as des souris ? a demandé Marjorie.

– J'en ai deux : une souris et un souriceau. Mais je crois que le souriceau est en train de mourir.

– Je n'ai jamais vu de souris morte, a répondu Marjorie.

– Moi non plus.

– Si ton souriceau est mort, tu vas l'enterrer, alors ?

Je n'y avais pas encore réfléchi.

– Peut-être, j'ai dit.

À la maison, j'ai montré le souriceau à Marjorie.

– Il est mort, maintenant ? elle a demandé.

– Je crois.

Marjorie a plongé un doigt dans la boîte.

– Il est froid.

J'ai pris le souriceau et je l'ai posé sur ma main. Là, j'ai compris qu'il était vraiment mort. Ce n'était plus un souriceau, je le sentais bien. C'était juste un petit machin rose et froid.

– C'était un drôle de souriceau, a dit Marjorie.

– Il était mal formé, j'ai expliqué.

Nous avons rempli la boîte : d'abord une couche de ouate, puis le souriceau, puis une autre couche de ouate. Ensuite, nous sommes allées dans le jardin. Marjorie a creusé un trou, juste à côté d'un buisson, et j'y ai déposé la boîte. Nous avons rebouché le trou toutes les deux.

– Tu es triste ? a demandé Marjorie.

– Ça ira, j'ai dit.

– Ça fait tout drôle, quand même.

– Oui.

Je n'ai pas osé dire à Marjorie que j'étais contente. Parce que, maintenant, j'étais une petite fille avec une souris morte. Des tas de petites filles avaient une souris morte. Mais très peu avaient à la fois une souris morte et un papa mort. J'avais un peu diminué les risques.

9

– Tu as creusé dans le jardin ? a demandé ma mère.

Elle ne savait rien pour le souriceau. Elle ne savait même pas que je l'avais ramené à la maison. Ni que je l'avais enterré dans une boîte au fond d'un trou.

– Non, j'ai dit.

– C'est bizarre. Il y a quelqu'un qui a fait un trou dans le jardin. À côté de l'arbre aux papillons.

– Mona ! C'est Mona qui a fait ça !

– Mais oui ! a dit ma mère. Mona !

Mona est arrivée en se dandinant. Elle agitait son reste de queue.

– Méchant chien ! a grondé ma mère.

Mais elle l'a dit avec la voix exagérément gentille et affectée qu'elle prend en général quand elle parle à Mona et lui a caressé la tête.

Mona adorait cette voix. Elle a essayé d'agiter la queue encore plus fort et s'est mise à soupirer des deux côtés à la fois.

Ma mère avait un sachet de frites à la main.

– Va chercher quelques tomates dans le frigidaire ! elle m'a dit. Et le bocal de mayonnaise !

Nous nous sommes installées au jardin, à l'ombre, et nous avons mangé nos frites et nos morceaux de tomates en les trempant dans la mayonnaise.

– Je vais changer le salon, a dit ma mère. Il y a un beau buffet au magasin. Je ne comprends pas pourquoi personne n'en veut.

– C'est quoi, un buffet ?

– Une grande armoire. Avec des tiroirs, des étagères et des portes.

– Mais on a déjà plein de meubles dans le salon !

– Il faut d'abord faire un tri. On va se débarrasser de la vieille bibliothèque. Et on mettra le buffet à la place. Mais je dois d'abord le retaper. Je pense que je vais le peindre en jaune.

– En jaune ?! Ah non ! Pas en jaune !

– En jaune paille…

Ma mère a continué à parler de son buffet et de l'aménagement du salon.

– Tout va changer ! a-t-elle dit d'une voix joyeuse.

Mais c'était comme s'il y avait trop de joie dans sa voix. J'avais ça, parfois, quand j'étais nerveuse. Mais je n'avais jamais vu ma mère comme ça. Et je ne l'avais encore jamais entendue jacasser avec cette voix haut perchée.

– Papa a téléphoné ? j'ai demandé.

Ça l'a coupée net.

– Oui ? ai-je insisté dans le silence.

– Non. Non, papa n'a pas téléphoné.

Elle a soupiré, puis elle a continué :

– Lili, il faut que je te dise quelque chose. Enfin, non. Enfin, je ne sais pas. Je ne sais pas si je dois te le dire ou non. Je ne sais pas ce qui vaut mieux.

J'ai eu peur. J'avais mal au cœur tellement j'avais peur. J'avais mangé trop de frites, et c'était comme si mon ventre était bourré de souris mortes.

– Papa est porté disparu, a-t-elle dit enfin.

– Ce n'est pas possible.

– Si, a dit ma mère. Papa est porté disparu. Cela veut dire que personne ne sait où il se trouve pour le moment. Mais cela ne veut pas forcément dire qu'il lui est arrivé quelque chose de grave.

– Tu as peur ? j'ai demandé, tout en espérant qu'elle me dirait non.

Il fallait que ma mère dise non. Mais elle a répondu :

– Oui.

Puis, elle a ajouté :

– Un tout, tout petit peu.

Elle ne pouvait pas avoir peur. Si quelqu'un pouvait avoir peur, c'était moi, et alors elle m'aurait rassurée en me disant que tout finirait par s'arranger et que je ne devais absolument pas m'en faire.

– Viens t'asseoir près de moi, elle a dit.

J'ai fait non de la tête. J'ai planté mes coudes sur la table, j'ai mis mes mains devant ma bouche et j'ai mordu dans la peau juste sous le pouce, jusqu'à ce que ça fasse mal.

– D'abord, je ne voulais rien te dire, a expliqué ma mère. Mais tu aurais fini par l'apprendre de la bouche de quelqu'un d'autre.

J'ai arrêté de me mordre.

– De la bouche de mamy..., j'ai dit.

Ma mère a eu un petit rire prudent.

– Certainement ! De la bouche de mamy. De cette horrible créature...

– Elle le sait déjà ?

– Oui. Lili ?

J'ai posé mes mains sur la table. On voyait l'empreinte de mes dents sous mon pouce. On voyait très bien que j'ai une dent de travers, à peu près au milieu.

– Tout va s'arranger, a repris ma mère. On est parti à sa recherche. Il ne lui est peut-être rien arrivé du tout.

– Tu vas vraiment changer le salon ? On va vraiment avoir une armoire bizarre comme ça ?

Ma mère a haussé les épaules.

– Je ne sais pas, elle a dit.

10

Je rêvais de balles perdues. Il y en avait partout. Elles fendaient l'air comme un essaim de guêpes. Elles avaient deux petits yeux, une gueule pointue et un nez au bout tranchant. Elles ressemblaient un peu à des requins, mais de devant, seulement. Elles sifflaient. Pas avec leur bouche, non, mais elles sifflaient tellement elles allaient vite. C'était un bruit strident qui me faisait mal aux oreilles. Je me suis réveillée.

Il faisait tout noir. Lulu rongeait un coin de sa maison. À part cela, tout était silencieux. Je suis sortie de mon lit et j'ai marché jusqu'à l'autre chambre. Ma mère ronflait doucement. J'ai rampé sous la couette et je me suis installée à la place de mon père.

– Maman ?

– Qu'est-ce qu'il y a ? a-t-elle marmonné en ouvrant un œil.

– J'ai rêvé.

– De quoi ?

– De balles perdues.

Ma mère s'est assise dans son lit et a allumé la lampe de chevet.

– Ma petite fille !

– Je ne veux plus dormir !

– Tu as eu peur ?

– C'était juste le début, j'ai répondu. Mais peut-être que ça va continuer en pire.

Elle a poussé un soupir.

– Alors il ne faut pas se rendormir. Pas tout de suite. Tu veux boire quelque chose ?

Je me suis assise à côté d'elle. Je n'avais envie de rien.

– Tu veux que je te raconte une histoire ?

– Bien sûr que non.

– Non, bien sûr que non, a dit ma mère. Tu penses que tu es trop grande pour ça.

– Je veux que papa rentre à la maison.

– Moi aussi, a dit ma mère.

Pendant un temps, nous n'avons rien dit d'autre. Nous restions assises comme ça, côte à côte. Mes yeux se fermaient tout seuls. Mais les balles perdues volaient à toute vitesse, tout près, au bord du sommeil. Alors j'écarquillais les yeux le plus fort possible.

– Maman ? T'en veux jamais à papa ?

– Pourquoi ?

– Tu trouves ça bien, qu'il parte ?

Elle a réfléchi un peu avant de répondre.

– Non, a-t-elle dit enfin. Je ne trouve plus ça bien. Lorsque nous nous sommes rencontrés, il m'a prévenue. Il m'a dit que je devais chercher un autre mari.

Un homme qui resterait à la maison. Mais je ne voulais pas d'un autre homme. Moi, je voulais papa.

Elle a souri, puis elle a dit :

– Et papa me voulait, moi.

– Pourquoi c'est pas un homme qui reste à la maison, papa ?

– Tu le sais bien, non ?

Je n'ai pas répondu. Bien sûr que je le savais. Mais j'avais tout de même envie qu'elle me le dise encore.

– Il veut aller de par le monde, a expliqué ma mère. Il veut aider les gens. Il trouve qu'il y a suffisamment de médecins ici. Et il sait qu'il n'y en a pas assez dans d'autres pays. Par exemple là où il y a des tremblements de terre et des inondations…

– Ou la guerre, j'ai dit.

– Oui. Ou la guerre.

– Mais nous, alors ?!

– À ta naissance, papa a promis de rester à la maison. Il a vraiment fait de son mieux. Il travaillait dans un hôpital. Mais…

– Mais quoi ?

– Mais il y avait trop de guerres. Je savais bien qu'il voulait repartir.

– Pour aider les gens.

– Oui, a dit ma mère. Pour aider les gens.

– Et alors, tu lui as donné l'autorisation de repartir ?

Ma mère a juste dit :

– Ah !

Et j'ai répondu :

– Ah !

Mais je ne comprenais pas très bien ce qu'elle voulait dire avec son « Ah ! » et je n'arrivais presque plus à garder les yeux ouverts.

– Nous avons passé un accord, a repris ma mère. Il pouvait partir, mais plus si souvent. Et moins longtemps. Parce que lui aussi, il avait envie d'être avec nous. Il voulait les deux : partir et rester.

– Tu n'as jamais voulu partir avec lui ?

– Oh non ! a répondu ma mère. Oh Seigneur, non ! Je ne veux même pas y penser !

Nous sommes restées silencieuses un moment, toujours assises côte à côte. Dehors, un oiseau a commencé à chanter. Je m'assoupissais de temps en temps, mais je rouvrais très vite tout grand les yeux.

– Qu'est-ce qu'on va faire, maintenant ? j'ai demandé.

– Il n'y a pas grand-chose à faire, Lili.

Il y avait de plus en plus d'oiseaux qui chantaient. Je me suis dit que je pouvais fermer les yeux un petit peu. Sans m'endormir. Mais quand j'ai rouvert les yeux, c'était beaucoup plus tard. Il faisait déjà clair. Ma mère dormait à côté de moi.

11

L'animalerie ouvrait à neuf heures. À neuf heures moins cinq, j'étais devant la porte. C'était samedi et je n'avais pas école.

Le jeune homme m'a ouvert. J'ai marché jusqu'au comptoir et je suis restée plantée là.

– Et alors ? a dit le jeune homme.

– Le souriceau est mort, j'ai répondu.

– Nous savions que ça arriverait, il a dit. Tu t'en es bien occupée ?

– Oui, j'ai dit. C'était une belle mort.

Le jeune homme a souri.

– Une belle mort ?

C'était une expression que j'avais piquée à mamy. Un jour, elle avait parlé d'une personne qui avait presque cent ans et qui était morte dans son sommeil. Mamy avait dit que c'était une belle mort et une fin sereine.

– Et une fin sereine, j'ai ajouté.

– J'en suis très heureux, il a répondu. Qu'est-ce que tu veux ? Un sac de nourriture pour ta souris ? Ou autre chose ?

– Je voudrais un petit chien.

Le jeune homme a secoué la tête.

– Nous ne vendons pas de petits chiens.

– Ça ne doit pas forcément être un jeune. En fait, je voudrais un vieux, j'ai dit en lançant un coup d'œil à la porte qui menait dans l'arrière-boutique. Un petit chien avec une malformation, ça irait aussi.

Je me disais que le jeune homme avait peut-être des tas d'animaux mal formés derrière la porte. Il ne pouvait évidemment pas les exposer dans son magasin.

Le jeune homme me regardait attentivement.

– Mais qu'est-ce que tu fabriques, toi ?

– C'est pour l'école ! j'ai dit.

– Encore ! Et où vas-tu à l'école ?

Je ne savais pas très bien ce que je devais répondre. Si je donnais le nom de mon école, il était capable d'aller poser des questions. Et si je donnais le nom d'une autre école, il irait aussi poser des questions. Et alors, je ne pourrais plus jamais, jamais lui expliquer que je voulais devenir une petite fille avec un chien mort. Que maintenant j'étais une petite fille avec une souris morte. Mais que c'était encore mieux d'être une petite fille avec une souris morte *et* un chien mort.

– Mais ça existe, quand même, des petits chiens mal formés ? j'ai demandé. Des chiens dont plus personne ne veut ?

Le jeune homme s'est penché vers moi par-dessus le comptoir.

– Où vas-tu à l'école ? Tu ne m'as pas répondu.

– Ce n'est pas pour l'école, j'ai dit. C'est pour mon père.

Le jeune homme m'a regardée d'un air fâché.

– Tu es sûre que tu vas bien ?!

– C'est vraiment pour mon père ! Mais c'est difficile à expliquer.

Le jeune homme a secoué lentement la tête.

– Incroyable ! il a dit. C'est incroyable ! Tu me prends pour un débile ?!

– Non, j'ai dit d'une toute petite voix.

– Bon ! a dit le jeune homme.

Et j'ai quitté le magasin en courant.

12

– Tu dois tout me dire !

– Mais je te dis tout, a répondu ma mère. Enfin, presque tout.

Nous étions en train de jouer au Monopoly. Elle avait déjà trois rues avec des maisons, mais moi j'avais toutes les gares.

– Tu ne me racontes qu'un tout petit peu.

Ma mère a jeté les dés.

– Neuf ! J'avais le chapeau ou la voiture ?

– Le chapeau.

Elle a avancé son chapeau de neuf cases.

– Maman !

– Je t'entends, Lili, elle a dit en me regardant, mais il faut que je réfléchisse.

– Je veux que tu me dises tout !

– Mais je ne sais pas tant de choses que ça. En fait, j'en sais à peine plus que toi. Et je te dis toutes les choses importantes. Et puis, je ne peux pas tout te dire tout le temps !

– Pourquoi ?

– Parce que ce n'est pas bon pour toi. On me raconte une chose, puis l'autre… C'est très confus, très embrouillé.

– Mais je veux tout savoir !

– Peut-être que ce n'est pas une bonne idée du tout. Peut-être que c'est comme pour les films. Certains films sont interdits aux moins de seize ans, et tu ne peux pas les voir. C'est pour te protéger. Peut-être qu'il faut que je te protège aussi un peu et que je ne te dise les choses que lorsqu'elles sont vraiment claires.

– Le frère de Marjorie a loué un DVD. Il était interdit aux moins de seize ans, mais je l'ai quand même regardé, et ça ne m'a rien fait !

– C'était quel film ?

– *Terreur dans l'espace.*

Elle a déposé les dés devant moi.

– Jamais entendu parler.

J'ai jeté les dés sur le plateau de jeu.

– Huit ! C'était avec des *aliens*, j'ai expliqué en avançant ma voiture. Il y avait des monstres de l'espace qui se déguisaient en humains… Il était impossible de les reconnaître. Et puis tout à coup, leur peau éclatait et on voyait que c'était des monstres. Et alors ils mangeaient les hommes qui étaient près d'eux. Mais eux, c'était de vrais hommes, pas des montres. Tu comprends ?

– Non, a dit ma mère. Pas vraiment. Mais j'ai l'impression que ça doit faire très peur.

– Je n'ai pas eu peur du tout ! Ça ne m'a rien fait ! Demande à Marjorie ! Son frère était à côté de nous et il nous expliquait tous les trucs. Il nous a dit que la peau des *aliens*, c'était du caoutchouc, et que pour le sang, ils avaient utilisé du ketchup. Quand j'ai su que c'était du chiqué, je n'ai plus eu peur du tout !

– Oui, mais ce n'est pas la même chose, a dit ma mère. Avec papa, ce n'est pas du chiqué. Et ça te donne des cauchemars.

– C'est parce que tu ne me racontes pas tout ! Si tu me laisses comme ça, je vais continuer à faire des cauchemars.

Ma mère a lancé les dés.

– J'essaierai. J'essaierai de te tenir au courant des événements, mais je ne promets pas de tout te dire. C'est tout simplement impossible.

– OK.

– Douze !

– Tu étais distraite ! J'étais chez toi, mais maintenant, c'est trop tard ! Je ne dois plus payer !

13

Ma mère a étalé la carte sur la table.

– Je vais te montrer, elle a dit en indiquant la rivière et la tache bleue. Papa était en route pour un petit hôpital, à peu près ici, près de ce lac. Il était en Jeep. Mais il n'est pas encore arrivé.

– Il était tout seul ?

– Non. Je crois qu'il y avait trois voitures en tout. Mais je ne suis pas certaine.

Puis, en dessinant un rectangle sur la carte au moyen d'un feutre :

– Ils vont chercher dans ce périmètre. Il doit être là quelque part.

– Pourquoi on n'y va pas, nous, à sa recherche ?

– Ce n'est pas possible.

– Pourquoi ?

Ma mère a montré une grande tache verte sur la carte.

– Tout ça, c'est la forêt.

J'ai regardé la carte. Il y avait des endroits vert clair. Et d'autres vert foncé. Avec des petits bouts bruns.

– Ce sont des spécialistes qui font ça. Des gens qui connaissent bien la forêt.

Elle a replié la carte en disant :

– Il faut attendre.

– Il y a des soldats ? j'ai demandé.

– Peut-être. Mais il faut que tu comprennes bien une chose : papa est là pour aider les gens. Il n'a rien à faire avec les soldats.

Ma mère a fixé un certain temps la carte pliée en quatre sur la table. Elle pensait peut-être à une forêt bourrée de soldats, comme moi.

– Elle a quel âge, Mona ? j'ai demandé.

Ma mère m'a regardée d'un air étonné.

– Mona ? Elle a quatorze ans. Pourquoi poses-tu cette question ?

– Et les chiens, ils peuvent vivre jusqu'à quel âge ?

– Pas beaucoup plus vieux. Mona est déjà une très vieille grand-mère.

– Oh.

– Tu ne vas quand même pas t'inquiéter pour elle ?

– Mais non !

L'après-midi, ma mère est allée faire des courses. Moi, je suis restée à la maison. Je me suis assise dans le canapé. Mona avait posé la tête sur l'accoudoir. Elle avait les yeux fermés.

– Meurs ! je lui ai dit.

Elle a bougé une oreille. Rien d'autre.

– Meurs ! j'ai répété.

Cette fois-là, elle n'a rien bougé du tout. Mais je savais qu'elle n'était pas morte, car elle n'en faisait jamais qu'à sa tête.

En réfléchissant, j'ai trouvé cinq façons de faire mourir un chien :

1. l'enfermer et ne plus lui donner à manger
2. lui trancher la tête
3. le noyer
4. le laisser tomber par la fenêtre
5. le faire mordre à mort par un chien de combat.

Je me suis dit que Mona était un chien mal formé. Comme le souriceau que j'avais enterré dans le jardin. Et que donc ce n'était pas si grave si elle mourait. Mais tuer Mona, c'était plus difficile que de tuer une souris. À mon avis, si je lui tranchais la tête, il y aurait du sang partout. Rien que d'y penser, ça me donnait une terrible envie de vomir. Je savais que je ne serais jamais capable de faire ça. Je n'étais pas une meurtrière de chiens.

– Un biscuit ? j'ai dit.

Mona a ouvert les yeux. Elle a sauté en bas du canapé et a trottiné jusqu'à l'armoire en reniflant. Elle savait exactement où se trouvait la provision.

En la suivant, j'ai pensé à une sixième manière de tuer Mona. J'ai ouvert le sac de biscuits pour chiens et je l'ai déposé sur le sol. Mona a immédiatement plongé sa tête dedans et s'est mise à mastiquer.

Et j'ai crié :

– Bouh !

Mona a sursauté, puis elle s'est mise à courir après sa queue et à aboyer comme une folle.

Marjorie m'avait raconté qu'il était dangereux d'effrayer les vieilles personnes. Elles risquaient un infarctus. Mais ça ne marchait pas avec les vieux chiens. Mona avait eu une frousse bleue, mais son cœur continuait à battre. Elle s'est plantée devant le sac de biscuits et s'est mise à gronder.

14

Le téléphone sonnait plusieurs fois par jour, mais ce n'était presque jamais quelqu'un que je connaissais. Ma mère interdisait qu'on nous appelle pour un oui ou pour un non. Elle voulait laisser la ligne libre pour les nouvelles importantes. Mamy ne pouvait plus nous appeler, ni mes oncles, ni mes tantes, ni les amis de mes parents.

– Je ne veux pas de bla-bla ! disait ma mère. Ça me rendrait encore plus nerveuse !

Quand le téléphone sonnait, c'était généralement quelqu'un de l'organisation humanitaire. C'étaient les gens de l'organisation humanitaire qui envoyaient les médecins comme mon père en mission. Ils savaient exactement où il y avait des guerres. C'étaient eux qui avaient choisi un endroit pour mon père. Ils lui avaient dit qu'on avait besoin de lui là-bas, alors il avait préparé son sac et il y était allé.

Les gens de l'organisation humanitaire voulaient parler à ma mère. À moi, ils ne disaient jamais grand-chose. Un jour, une dame m'a appelée « ma chérie » au téléphone.

– Bonjour ma chérie, elle a dit. Ta maman est là ?

– C'est au sujet de mon papa ? j'ai demandé.

La dame qui m'avait appelée « ma chérie » a hésité un petit peu. Puis elle a dit :

– Passe-moi ta maman. Il n'y a rien de particulier, ne t'en fais pas.

Ma mère est arrivée à ce moment-là et m'a pris le combiné des mains.

Je n'étais encore jamais allée au siège de l'organisation humanitaire. Je n'avais aucune idée de comment c'était là-bas. C'était sans doute un grand immeuble, car il y avait beaucoup de guerres dans le monde. Sans compter les inondations et les tremblements de terre. Et on avait besoin de médecins partout. Alors, dans un petit bureau de rien du tout, ça n'aurait pas été possible. J'imaginais un planisphère punaisé au mur, avec de petits drapeaux qu'on pouvait épingler dessus. Un petit drapeau par médecin. Le petit drapeau de mon père devait être bleu, parce que c'était sa couleur préférée. Ou orange, à cause de ses cheveux roux. Quand je l'avais eue au téléphone, la dame qui m'avait appelée « ma chérie » se trouvait peut-être debout à côté de ce planisphère, le petit drapeau de mon papa à la main. Car où planter le drapeau de quelqu'un qui est porté disparu ?

Le téléphone ne suffisait pas. Il a aussi fallu que ma mère se rende au siège en personne. Elle est partie le matin, en voiture.

Quand je suis revenue de l'école, elle n'était toujours pas rentrée. J'ai pris la laisse au portemanteau. J'avais promis de sortir Mona.

Mona a sauté en bas du canapé et s'est approchée lentement. Elle avait du mal à en croire ses yeux. Elle savait parfaitement que je n'aimais pas l'emmener en promenade.

Dehors, il faisait chaud. Mona se dandinait en soufflant derrière moi. J'avais à peine marché quelques mètres que j'ai déjà dû l'attendre pour la laisser pisser contre un arbre. Nous sommes reparties. Jusqu'au prochain arbre. Quand elle a de nouveau fait mine de s'accroupir, j'ai tiré sur la laisse. J'avais peur qu'elle ne se mette à faire caca, car je n'avais pas pris de sachet avec moi.

Un grand chien noir courait dans le terrain vague, au bout de la rue. Mona a aboyé. Le grand chien noir s'est avancé dans notre direction et s'est planté devant Mona, en balayant l'air de sa queue.

Mona n'aimait pas les autres chiens. Elle n'aimait pas les gens non plus. En fait, elle aimait seulement mon père et ma mère. Et moi, un tout, tout petit peu, parce qu'elle était bien obligée. Le grand chien noir avait l'air d'aimer tout le monde. Il continuait à remuer la queue et à nous regarder comme s'il attendait quelque chose. Il voulait jouer.

Mona a commencé à gronder. Je me suis dit que le grand chien noir allait se fâcher… Qu'il mordrait Mona… Et puis qu'il la mangerait… Qu'il la dévorerait toute crue… Un petit chien bizarre comme ça, il n'en ferait sûrement qu'une bouchée… Elle n'avait qu'à pas se montrer aussi insolente. Mais le grand chien noir s'est retourné et il est reparti dans le terrain vague. Mona a aboyé. Je l'ai tirée derrière moi jusqu'à la maison.

Au milieu de notre rue, j'ai rencontré Marjorie. Elle portait son étui à violon sur le dos.

– Salut ! elle a dit.

– Salut ! j'ai dit.

– C'est triste pour ton père, qu'il est porté disparu.

– Comment tu sais ça ?

– C'est ma mère. Vraiment triste. C'est un héros, ton père !

– Un héros ?!

– Oui, parce qu'il va aider les autres. Même si c'est dangereux.

– Oh ! j'ai répondu.

« Héros », c'était un mot bizarre, et ça ne convenait pas du tout à mon père. « Héros », c'était un mot qu'on trouve dans un livre ou dans un film. Jamais je n'aurais traîné un chien comme Mona par la laisse dans un livre ou dans un film. Je serais partie à la recherche de mon père et je n'aurais même pas eu peur des balles perdues.

Tout d'un coup, j'ai vu mon père très nettement devant moi. J'ai pensé au mot « héros » et comme il ne lui allait absolument pas, j'ai vu exactement à quoi il ressemblait en vrai. J'ai vu ses cheveux roux, son visage parsemé de taches de rousseur et ses yeux verts mouchetés d'étoiles. Ma gorge s'est nouée. Je n'arrivais presque plus à avaler.

– T'as envie de pleurer ? Marjorie a demandé.

– Non, j'ai dit.

– Ça te fera du bien.

– T'occupe.

15

Sur le chemin du retour, ma mère était passée prendre mamy. Nous nous sommes installées toutes les trois au jardin.

Ma mère expliquait comment les choses s'étaient passées au siège central.

– Je ne suis pas beaucoup plus avancée. Personne ne sait exactement ce qui est arrivé. Mais ils ont bon espoir.

– Bon espoir ? a dit mamy.

– Ils disent qu'il y a des tas d'explications possibles, a dit ma mère. Il a pu avoir un problème avec la Jeep, ou avec le matériel. Et ils n'ont reçu aucune information qui parlerait de…

Elle m'a jeté un coup d'œil et s'est interrompue avant de reprendre :

– … enfin, de quelque chose de grave. Ils cherchent.

– Marjorie dit que papa est un héros.

Mamy a secoué la tête. Ma mère triturait une branche de l'arbre aux papillons.

– Marjorie a peut-être bien raison, elle a dit après un moment. Pour certaines personnes, papa est un héros.

– Pour quelles personnes ? j'ai demandé.

– Pour les gens qui ont besoin de lui. Pour les blessés et les malades. Pour ceux qui mourraient sans médecin.

– Oh, non, non, a dit mamy. Ce n'est pas un héros ! Pour moi, ce n'est pas un héros ! Il pense bien trop à sa petite personne pour être un héros !

– Nous n'allons pas recommencer cette discussion, a dit ma mère.

– C'est vrai, a continué mamy. Il pense beaucoup trop à lui et pas assez aux autres. Il n'est jamais là ! Il est presque toujours parti ! Il cherche le danger !

– Ça suffit, a dit ma mère.

– Et il a toujours été comme ça. Toujours !

Mamy parlait de plus en plus fort. Elle était comme un pétard : la moindre étincelle suffisait à la faire exploser. Et on ne savait jamais à l'avance qui serait cette étincelle.

– Ce n'était encore qu'un gamin, poursuivait mamy. Cinq ans ! Il est monté sur son tricycle, et hop ! le voilà parti ! Il a suffi que je sois distraite une minute, et il en a profité. Je l'ai cherché partout. J'ai interrogé tout le monde. Finalement, je l'ai retrouvé chez le boucher. Il attendait un morceau de saucisson ! Mais la boucherie était de l'autre côté du chemin de fer !

– Cela n'a rien à voir ! a dit ma mère. Cela n'a rien à voir avec ce qui se passe aujourd'hui.

– Mais il a toujours été comme ça ! Au beau milieu de la nuit, il allait nager ! Dans le canal ! Et quand il est parti faire de la moto dans le Kalahari ?!

– C'est quoi, le Kalahari ? j'ai demandé.

– Un désert, a répondu ma mère.

– Il a fait de la moto dans le désert ?!

– Oui ! s'est exclamée mamy.

– Mais cela n'a rien à voir avec ce qui se passe aujourd'hui, a répété ma mère.

– Bien sûr que si ! a crié mamy. Tout est lié ! Il ne pense qu'à lui ! Il n'arrête pas de prendre des risques ! Il est coincé au beau milieu d'une guerre, et nous sommes là à nous faire un sang d'encre pour lui !

– Il est médecin, a dit ma mère. Il va là-bas pour aider les gens.

– J'en connais, des médecins ! Ils restent tous chez eux bien tranquillement !

Il y a eu un silence.

– Je monte dans ma chambre, j'ai dit.

Mon père était porté disparu, et c'était terrible. D'abord à cause de ce que Marjorie avait dit, et puis maintenant à cause de ce que mamy avait dit.

En haut, les fenêtres étaient ouvertes. Ma mère et mamy continuaient à parler, mais je ne les écoutais plus.

16

J'étais assise à mon bureau. Je dessinais un chien mort. Il était couché sur le dos, les quatre pattes en l'air. À côté du chien, j'ai dessiné un homme avec un fusil. Des balles sortaient du fusil. Il y avait plein de trous dans le pelage du chien.

Ma mère a frappé à ma porte.

– Oui ? j'ai dit.

La porte s'est entrouverte.

– C'est moi ! a dit ma mère.

– Je sais.

– Mamy est rentrée chez elle.

– Je sais aussi.

– Tu sais tout.

Puis, ma mère a regardé mon dessin.

– Tu es fâchée ? elle a demandé.

– Pourquoi ?

– À cause de ton dessin.

J'ai ajouté un trou dans le pelage du chien. Ma mère avait bien vu. J'étais fâchée. Mais je ne savais pas très bien contre qui.

– Mamy a raison, j'ai dit. Papa ne pense qu'à lui.

– Mamy dit ça parce qu'elle a peur.

– Mais c'est vrai !

Et j'ai commencé à faire des gribouillis sur le chien avec un crayon noir. La feuille s'est déchirée.

– Hé ! Hé ! a dit ma mère.

Elle m'a pris la main. Je tenais toujours fermement le crayon.

– Ne fais pas ça ! a dit ma mère.

Alors, je me suis vraiment fâchée. Je me suis mise à crier, crier, jusqu'à ce que ma tête soit pleine de cris. J'ai poussé ma mère. J'ai donné un coup de pied dans mon bureau. Les crayons sont tombés par terre. Ma mère a essayé de m'attraper par les bras.

– Lâche-moi ! j'ai crié.

J'ai shooté dans l'armoire sans pieds. La cage de Lulu est tombée par terre et le couvercle s'est détaché.

– Attention ! a dit ma mère. Attention à la souris !

J'ai arrêté de crier. La cage était renversée sur le côté. Elle était fendue. Le plus gros de la sciure était éparpillé sur le plancher de ma chambre. Et Lulu s'était enfuie.

– Où elle est ? j'ai dit.

Ma mère s'est mise à quatre pattes pour chercher Lulu. Elle criait :

– Lulu !

Et moi je criais :

– Lulu !

J'ai traversé la chambre à quatre pattes, avec ma mère derrière moi. Nos genoux traînaient dans la sciure.

J'ai commencé à pleurer.

– Lulu ! disait ma mère. Lulu !

Et puis, elle a éclaté de rire.

– Lulu ! Lulu ! j'ai dit.

Et moi aussi, j'ai éclaté de rire.

Je riais et je pleurais en même temps. Enfin, pas vraiment en même temps : un peu des deux, l'un après l'autre.

Lulu s'était cachée sous mon lit. Je l'ai attrapée en rampant. Elle n'a même pas essayé de s'échapper. Quand elle a été dans ma main, j'ai senti qu'elle tremblait.

– Ça va mieux ? a demandé ma mère.

J'ai fait oui de la tête. Nous étions assises par terre, le dos appuyé contre mon lit. Lulu était toujours dans ma main. Elle tremblait un peu moins.

– J'ai explosé, j'ai dit.

Si mamy était un pétard, moi j'étais un boulet de canon. Et de nous deux, j'étais celle qui explosait le plus fort. C'était nouveau pour moi.

– Ce sont les nerfs, a dit ma mère en passant un bras autour de mes épaules. Tout va s'arranger.

J'avais envie de lui demander si elle en était certaine. Mais j'avais peur qu'elle me réponde que non.

– Mamy a vraiment raison ? j'ai demandé.

– Tu ne dois pas écouter ce que dit mamy. Elle exagère tout.

– Mais elle a quand même raison ?

– Oui et non. Il faut que tu comprennes bien ça, Lili. Les choses ne sont pas si simples. Personne n'est tout blanc ou tout noir. Personne ne pense uniquement aux autres. Tout le monde pense aussi un peu à soi. Papa aussi.

– Alors ce n'est pas un héros.

– Non, heureusement ! Quelle idée ! Tout ce que je veux, c'est un homme normal !

J'ai ramassé la cage de Lulu. Elle était fendue sur toute la longueur.

– Tu as besoin d'une nouvelle cage, a dit ma mère. Tu iras à l'animalerie demain ?

– Tu ne veux pas y aller toi-même ?

17

Nous avons commencé à retaper le buffet. Quelqu'un du magasin était venu nous l'apporter dans une camionnette. C'était un grand meuble, mais il était en pièces détachées. Le salon a bientôt été rempli de petits bouts d'armoire que nous devrions ensuite réassembler. Mais, avant, ma mère voulait peindre tous les morceaux en jaune. Et encore avant, elle voulait les poncer. Je l'ai aidée.

C'était un gros boulot. Certains éléments étaient munis de portes décorées de cannelures et d'encadrements, sans compter les tiroirs qui avaient des boutons en bois. Cela allait être très laid, je voyais ça d'ici, surtout que ma mère avait acheté un bidon de jaune poussin, mais je m'en fichais. J'étais contente de poncer. Pendant ce temps-là, je ne pensais à rien. La radio était allumée, et nous chantions de temps en temps.

Nous avons poncé tout l'après-midi. Jusqu'à ce que ma mère dise :

– C'est assez pour aujourd'hui. Il faut encore que je fasse des courses.

– Tu passeras aussi à l'animalerie ?

– Non, elle a dit. Tu iras toi-même.

– J'en ai marre de cette animalerie !

– C'est ta souris.

– S'il te plaît ?! Pour une fois ?!

– D'accord, mais c'est vraiment juste pour cette fois !

Ma mère venait de sortir avec le sac à commissions quand elle a passé la tête par la fenêtre de la cuisine :

– Mais qu'est-ce qu'il y a exactement, avec cette animalerie ?

– Rien, j'ai répondu. C'est juste un bête magasin.

À la radio, c'était l'heure des informations. J'ai entendu le nom de mon père.

– M'man !

Ma mère a entré sa tête le plus loin possible dans la cuisine.

L'homme qui lisait les informations parlait d'une voix très calme. Il ne s'adressait ni à ma mère ni à moi, mais à l'ensemble des auditeurs. Il expliquait que mon père était porté disparu depuis un certain temps. « On craint pour sa sécurité, disait-il. Les recherches entreprises n'ont donné aucun résultat jusqu'à présent. » Ensuite, le journaliste a donné la météo.

Ma mère a traversé le jardin en courant et est rentrée dans la maison en trombe.

– Ça va ? clle a demandé. Tu n'as pas peur ?

– Il s'est passé quelque chose ? Il y a eu quelque chose de grave avec papa ?

– Non, rien du tout. Mais cela fait plus d'une semaine qu'on est sans nouvelles de lui, alors ils en parlent à la radio.

Elle a éteint le poste.

– C'est encore mieux de ne plus écouter. Tu veux que je reste à la maison ? Près de toi ? Je ferai les courses demain.

Je ne voulais pas qu'elle reste à la maison. J'avais peur qu'elle change d'avis, pour l'animalerie, et qu'elle me demande d'y aller moi-même, le lendemain.

– Je peux parfaitement rester toute seule, j'ai dit.

Une fois seule, j'ai continué à poncer le buffet. Un panneau vertical… Puis, l'avant d'un tiroir… Ma mère était déjà partie depuis un bon moment. J'ai rallumé la radio, mais ils ne diffusaient que de la musique. Alors, j'ai appuyé sur tous les boutons jusqu'à ce que je tombe sur un bulletin d'informations. Il était déjà commencé. Le journaliste en était à « On craint pour sa sécurité ».

Maintenant que j'étais seule, cette phrase paraissait beaucoup plus grave. Les mots restaient suspendus en l'air. Je ne les ai pas compris tout de suite. C'était comme si les choses n'entraient dans mon cerveau que par un tout petit trou de rien du tout. Et puis, j'ai compris : le journaliste parlait de *peur*. Il disait que les gens avaient *peur* qu'il soit arrivé quelque chose de grave à mon père. Et si les gens avaient peur, c'est qu'il s'était vraiment passé quelque chose.

J'ai attendu. Qu'il se passe quelque chose. En moi. Mais il ne s'est rien passé. Je n'avais pas peur. Je n'étais pas fâchée. Je ne ressentais rien. L'épouvante me remplissait totalement d'un vide. Et ce vide était bien plus grave qu'un essaim de balles perdues. J'ai pris la laisse de Mona au portemanteau et j'ai dit :

– On sort !

Mona me suivait péniblement. Après le terrain vague, j'ai tourné à droite, puis à gauche. Je faisais des zigzags dans notre quartier. Pour finir, nous sommes arrivées devant le périphérique, une route très fréquentée qui débouchait sur l'autoroute, un peu plus loin. Mona haletait. Elle n'avançait presque plus. Nous étions au pied de l'escalier de la passerelle.

– Viens ! j'ai dit.

Mona s'est assise. Elle gémissait.

– Viens ! j'ai dit une deuxième fois. J'ai tiré sur la laisse, mais Mona n'a pas bougé d'un pouce. Alors je me suis penchée et je l'ai prise dans mes bras. Je la tenais fermement. Ses pattes avant étaient posées sur mon épaule. Mes mains étaient enroulées autour de son postérieur. Elle haletait contre mon oreille. De temps en temps, elle s'arrêtait un moment de souffler pour avaler sa salive, et puis elle recommençait.

J'ai monté l'escalier. En haut, il y avait un peu de vent, et je voyais les autos filer sous moi. J'ai marché jusqu'à la rambarde et je me suis penchée en avant. Les pattes de Mona patinaient sur mon épaule.

– Viens ! j'ai dit une dernière fois en tenant fermement Mona et sa laisse. J'ai étendu les bras et je l'ai laissée pendre au-dessus du vide.

À ce moment-là, un camion est passé en vrombissant sous la passerelle.

18

Je suis restée comme ça, les bras au-dessus du vide. Mona était de plus en plus lourde, je ne pouvais presque plus la retenir. Encore un peu, et je devrais la laisser tomber. Je n'avais rien à faire de plus. Il suffisait de la lâcher. C'était tout.

Mona faisait la morte, elle ne gigotait même pas.

Puis, j'ai entendu un cri.

– Hé ! Toi, là !

Il fallait que je laisse tomber Mona. Mais j'hésitais.

« Ne fais pas ça, ne fais pas ça, ne fais pas ça », me disait une petite voix dans ma tête.

Mais je l'ai quand même fait. J'ai lâché Mona d'une main. Elle était maintenant suspendue par son collier au-dessus du périphérique. Sa laisse pendait dans le vide.

– Attention ! j'ai entendu.

Quelqu'un m'a entourée de ses bras. C'étaient de longs bras. Ils se sont étendus jusqu'à Mona et se sont emparés d'elle fermement.

Puis, ce quelqu'un m'a écartée de la rambarde et a pris Mona prudemment. C'était mon père. Je sentais que c'était mon père. J'avais réduit les risques. J'avais tellement réduit les risques qu'il ne pouvait plus rien arriver. Il était rentré à la maison. J'ai levé les yeux vers son visage.

Ce n'était pas lui. C'était un homme, un homme banal. Il avait des cheveux noirs, des yeux bruns et il me regardait sévèrement.

– Qu'est-ce que tu faisais là ?!

J'étais incapable de lui répondre.

L'homme a posé une main sur mon épaule. L'autre main tenait la laisse de Mona.

– Du calme, il a dit.

À qui s'adressait-il ? À Mona ou à moi ? Je voulais partir. Ce n'était pas mon père. Il ne lui ressemblait même pas. Il était plus grand et plus mince et il portait une chemise rayée.

– Je dois rentrer à la maison, j'ai dit.

– Alors je t'accompagne.

– Fichez le camp !

– Maintenant ça suffit ! a dit l'homme. Tu es complètement cinglée ! Lancer un chien par-dessus la balustrade ! Écoute-moi bien, ma petite fille ! Je te ramène chez toi ou je te conduis au commissariat de police ! Choisis !

Il me tenait par mon tee-shirt.

Ça aurait dû être mon père. Ça aurait dû être mon père, mais ce n'était pas lui. Et maintenant, il me tenait prisonnière et il m'engueulait. Il m'a poussée vers l'escalier.

– Où habites-tu ? il a demandé.

C'était une question tout à fait normale, et c'est peut-être ça qui m'a fait revenir les pieds sur terre. Tout à coup, je me suis rendu compte qu'il s'était passé quelque chose de vraiment grave sur la passerelle. Je suis redevenue subitement la Lili normale et j'ai compris que j'avais failli faire un acte horrible.

Je me suis assise sur la plus haute marche de l'escalier. J'avais les genoux qui flanchaient.

– Quoi encore ?! a dit l'homme.

– Je ne voulais pas ! j'ai dit. Pas vraiment ! Je la tenais bien, non ?!

Il s'est assis à côté de moi.

– Tu m'as fait peur, il a dit. Et c'est le genre de choses que je ne peux pas laisser faire. Je ne supporte pas que des gens fassent du mal aux animaux.

– Je ne savais pas ce que je faisais.

Il m'a regardée.

– Ça t'arrive souvent ?

– Non, j'ai dit, même si je pensais au souriceau et à l'animalerie.

C'est vrai que je faisais des tas de choses bizarres, ces derniers temps.

– Je ne sais pas, j'ai dit.

Et puis, je lui ai tout raconté. Je lui ai parlé de mon père, et des risques que je devais réduire. Je lui ai tout dit, sauf mon rêve avec les balles perdues, parce que je l'avais déjà raconté à ma mère et que ça suffisait comme ça.

– Bon ! a dit l'homme. C'est du sérieux, ce qui t'arrive.

Il a caressé Mona, qui s'est mise à grogner, mais il s'en fichait.

– C'est très sérieux, je comprends parfaitement.

Il n'a pas dit que tout allait s'arranger, et j'ai trouvé ça bien. Parce que personne ne peut dire comment les choses vont tourner.

– Mais cette histoire de risques ne tient pas la route, a-t-il repris. Ce n'est pas comme ça que ça marche. Je ne pense pas qu'on puisse augmenter les chances ou diminuer les risques. Pas comme ça.

Il m'a regardée avant d'ajouter :

– Je peux te demander quelque chose ?

Je n'ai rien répondu. Je sentais qu'il voulait me demander quelque chose d'important, mais je n'étais pas sûre de vouloir l'entendre.

– Que dirait ton papa s'il savait ce que tu as fait ?

J'ai tout de suite entendu la réponse dans ma tête. Elle était restée tapie dans un coin depuis le début. Et elle montrait le bout du nez maintenant que quelqu'un avait posé la bonne question.

Mon père n'aurait jamais jeté Mona du haut de la passerelle. Il n'aurait jamais pensé à des souris mortes, ni à des chiens morts. Même si j'avais été portée disparue. Même si ma mère et moi, nous avions disparu.

19

– Je veux rentrer à la maison, j'ai dit à l'homme.

– Je dois venir avec toi ? a-t-il demandé.

J'ai fait non de la tête.

– En fait, je voulais le dire à tes parents. Enfin, à ta mère. Mais ce n'est plus nécessaire, ou si ?

– Non, j'ai dit.

Il m'a tendu la laisse de Mona.

– Tu ne le feras plus jamais ?

– Non. Plus jamais.

J'ai pris Mona dans mes bras et j'ai descendu l'escalier.

– Hé ! a dit l'homme.

Je me suis retournée.

– Haut les cœurs !

Je n'avais aucune idée de ce que ça voulait dire. Mais ça sonnait comme un encouragement.

– Vous aussi ! j'ai répondu.

Il a levé la main et m'a fait un grand signe.

Lentement, je suis rentrée à la maison. Mona trottinait derrière moi. Elle n'était même pas fâchée.

Je crois qu'elle n'avait rien compris. J'avais failli la laisser tomber sur le périphérique, et elle s'en fichait. Pas moi. J'avais un poids énorme qui me pesait sur tout le corps. Mes jambes flageolaient. Mes bras avaient encore mal d'avoir suspendu Mona au-dessus du vide. Et, surtout, ma tête… Il y avait tellement de pensées horribles qui dansaient dedans que ça faisait boum ! boum !

Et si cet homme n'avait pas été là ?! Que se serait-il passé ? C'était la pensée la plus dure à supporter. Que ferait ma mère si elle apprenait ? Et mon père ? C'étaient les questions qui me venaient juste après.

Je ne savais pas si j'aurais vraiment laissé tomber Mona. Je l'aurais peut-être lâchée. Ou peut-être pas. J'imaginais ce qui aurait pu arriver. Elle se serait écrasée entre les voitures. Je préférais ne pas y penser, mais je ne pouvais pas m'en empêcher, mon cerveau ne m'obéissait pas. Je pensais aux lapins et aux hérissons écrasés que je voyais parfois sur la route. Mona leur aurait ressemblé, mais avec plus de sang. Je commençais à avoir des haut-le-cœur. Je continuais à penser à tout ce sang qui aurait giclé du corps de Mona. Je me rendais malade exprès. Comme pour me punir. Pour ce que je n'avais pas fait… mais que j'avais presque fait quand même. Au point que ça avait failli être vrai.

Et il y avait encore autre chose. Quelque chose à quoi je n'avais pas osé penser jusque-là. Mais maintenant, il fallait bien que j'affronte cette idée. L'homme avait dit qu'il était impossible d'augmenter les chances ou de réduire les risques. Pas comme ça, en tout cas. Et je savais qu'il avait raison.

Ma mère se tenait à l'entrée de notre rue.

– Où étais-tu ? elle a dit. J'étais inquiète ! Je ne veux plus que tu me fasses un coup comme ça, Lili !

– Je ne me sens pas bien, j'ai répondu. Je veux aller me coucher.

Elle a passé un bras autour de moi.

– Tu as l'air toute flagada ! Qu'est-ce qui t'arrive ?

– Sais pas.

20

– Comment ça va ? a demandé ma mère.

Elle s'était assise sur le bord de mon lit.

– Bien.

Elle a posé sa joue contre mon front.

– Tu n'as pas de fièvre. Tu n'es pas chaude.

– J'ai froid. Et j'ai mal à la tête.

– Un rhume d'été, peut-être. Lili ?

– Oui.

– Il faut que je te parle. Je suis allée à l'animalerie pour acheter une nouvelle cage pour Lulu.

Je me suis couchée sur le côté, en tournant mon visage vers le mur.

– Tu m'écoutes ? Le jeune homme du magasin m'a raconté des choses. À ton sujet. C'était une histoire très bizarre.

– Des souris, j'ai dit. Des souris et des chiens…

– Oui, a dit ma mère. Des souris et des chiens… Qu'est-ce que ça veut dire, Lili ? Tu m'expliques ?

Alors, oui, je lui ai expliqué. Je n'ai pas dit un mot au sujet de la passerelle, mais j'ai parlé des risques à réduire et du souriceau que j'avais enterré dans le jardin.

– Mais pourquoi as-tu fait tout ça en cachette ?

Je me suis retournée et je l'ai regardée.

– Parce que.

– Ce n'est pas une réponse.

– Sinon, tu te serais fâchée.

– Je ne me serais pas fâchée. Mais je t'aurais expliqué que tu faisais quelque chose de stupide. Tu crois vraiment que des souris mortes peuvent y changer quelque chose ?

– Il n'y en a eu qu'une.

– Et un petit chien mort ?

– Aucun petit chien n'est mort.

– Heureusement. Mais tu dois bien comprendre...

– J'ai compris.

– Mais pourquoi as-tu fait ça, alors ?

– Parce qu'au début, je ne savais pas.

– Pousse-toi un peu !

Ma mère s'est glissée dans mon lit et m'a prise dans ses bras. Elle sentait l'ail et les pommes de terre sautées.

– Je voulais que Mona meure, j'ai dit.

– Ce n'est pas grave.

– Si, c'est grave.

Ma mère m'a serrée très fort dans ses bras.

– Lili, elle a dit. Tu te fais du souci. Et quand on se fait du souci, on pense parfois des choses bizarres.

– Toi aussi ? j'ai demandé.

Elle a ri doucement.

– Moi aussi. Par exemple, je pense aux slips de papa. Je suis certaine qu'il n'a plus de slip propre. Ni de chaussettes. Ça ne m'arrive jamais de penser à ses slips et à ses chaussettes, mais voilà, maintenant, j'y pense tous les jours.

– Moi, je pense tout le temps à des petits chiens. Je voulais en tuer un.

– Non ! a dit ma mère. Pas vraiment !

– Comment tu le sais ?

– Je le sais, c'est tout. Penser et faire, ce sont deux choses différentes. Si tu savais tout ce qui me passe par la tête ! J'en ai déjà tué des gens, en pensée !

– Qui ?

– C'est un secret.

– Mamy ?

Ma mère n'a pas répondu.

– Moi ? j'ai dit.

– Non ! Pas toi ! Toi, jamais !

Il commençait à faire chaud sous la couette.

– Sors de mon lit ! j'ai dit.

– Tu viens aussi ? Ou tu es encore malade ?

– Je ne veux pas aller à l'école demain. Maintenant, tout le monde est au courant pour papa.

21

C'était bizarre de rester à la maison, comme ça. Dehors, la vie continuait. La benne à ordures est passée devant la maison, le facteur a mis le courrier dans la boîte aux lettres, une dame poussait une voiture d'enfant sur le trottoir. Tout continuait normalement. Ma mère devait aller chez le vétérinaire avec Mona. C'était le jour de son vaccin.

L'après-midi, Marjorie est passée.

– Tu vas mieux ? elle a demandé.

J'ai haussé les épaules.

– J'ai fait un dessin pour toi. Regarde, elle a dit en me tendant une feuille de papier. Tu le reconnais ?

– C'est juste un visage, j'ai dit.

– C'est ton père.

La partie supérieure du dessin était envahie de traits orange.

– C'est quoi, ça ?

– Ses cheveux, a dit Marjorie.

Elle avait écrit un mot sous le dessin. En grosses lettres noires : « DISPARU ».

– Je ne suis pas très bonne en dessin, a dit Marjorie. Ça devient toujours très brouillon. C'est pour ça que je l'ai fait au crayon. C'est une affiche. Parce que ton père est porté disparu et que j'espère qu'on va vite le retrouver.

– Merci, j'ai dit.

– Tu vas le coller à ta fenêtre ?

– Plus tard.

– Je ne peux pas rester. Je dois rentrer à la maison. Demain, il faut que je connaisse mon Vivaldi avec vibrato.

– C'est une figure de gym ?

Marjorie m'a regardée.

– Non. Bien sûr que non ! Le vibrato, ça se fait sur un violon !

Ma mère a bien ri quand elle a vu l'affiche de Marjorie.

– Où vas-tu l'accrocher ? m'a-t-elle demandé.

– Nulle part.

– Marjorie ne sera pas contente. Les traits, en haut, ce sont ses cheveux ?

– Oui.

– Incroyable !

J'ai examiné le dessin. Sous les traits orange, Marjorie avec tracé deux petits ronds pour les yeux et un trait droit comme une chandelle pour le nez. La bouche entrouverte laissait voir toute une rangée de dents.

– Faisons plaisir à Marjorie, a dit ma mère.

Elle a déposé le dessin sur la table et sorti le rouleau de papier collant du tiroir de la cuisine.

Je ne voulais pas faire plaisir à Marjorie. Mon père avait disparu très, très loin. C'était ridicule d'accrocher cette affiche dans notre rue.

– Bon ?! a dit ma mère.

– Non, j'ai dit. Je ne veux pas la mettre.

– Allez !

– Non ! Les gens vont croire que c'est moi qui l'ai dessiné !

– Marjorie partait d'une bonne intention. C'est peut-être sa manière à elle de…

– … de quoi ?!

– De t'aider !

– Il est affreux, ce dessin !

– On va le mettre quelque part dans un coin, a dit ma mère.

– Elle veut qu'on le colle à la fenêtre. Pour que tout le monde le voie.

– Eh bien, c'est ce qu'on va faire, alors ! Je vais le coller à ta fenêtre et toi, tu vas aller dans le jardin pour vérifier s'il est bien droit.

Je suis allée dans le jardin et j'ai levé la tête. Après quelques minutes, j'ai vu la tête de ma mère derrière la fenêtre de ma chambre. Elle a collé le dessin de Marjorie sur ma vitre, tout en bas, dans un coin. On ne savait pas bien déchiffrer le mot. Je ne voyais que la partie supérieure de l'affiche. Mais on ne comprenait pas non plus ce que représentait le dessin. On voyait de l'orange, et c'était tout. Les traits de crayon de Marjorie étaient beaucoup trop fins.

– C'est parfait ! j'ai crié.

22

C'était bien qu'il y ait le buffet. Je continuais poncer. Quand ma mère était à la maison, ell m'aidait.

Je ne voulais plus penser à des chiens morts. Ni mon père. Mais c'était difficile, parce qu'il n'y avai pas beaucoup d'autres sujets qui m'intéressaient. Il n se passait pas grand-chose. Je me disais que ma mèr avait raison : penser et faire, ce sont deux choses différentes. Mais quand même, j'essayais de penser le moin possible. C'était plus sûr.

Parfois, Mona venait s'asseoir près de moi. Depui que je l'avais suspendue au-dessus du périphérique elle me trouvait un peu plus gentille. Elle m'aimai peut-être un peu plus qu'avant parce que je ne l'avai pas laissée tomber. Ou alors, c'est qu'elle avait trouv ça génial. Elle voyait peut-être la passerelle comme un attraction pour chiens. « Wouf ! On saute au-dessus d vide ! Youpi ! »

Mona savait que je n'étais pas une meurtrière d chiens. Ma mère aussi. Elles avaient certainement raison. Je n'avais pas laissé tomber Mona, après tout.

Je ponçais, je ponçais, je ponçais… Après deux jours de travail, tout était fini.

Nous avions chacune un pinceau, ma mère et moi. Elle a ouvert le bidon de peinture avec un tournevis et elle a mélangé la peinture jaune avec un morceau de bois.

– Regarde bien !

Elle a trempé son pinceau dans la peinture et l'a essuyé sur le bord du pot. Puis, elle a appliqué une longue bande de jaune poussin sur une porte du buffet.

– Il faut à peu près cette quantité de peinture. Fais bien attention, ça ne doit pas couler !

J'ai trempé mon pinceau dans le pot. Il y a eu de la peinture jusque sur le manche. Quand j'ai raclé mon pinceau sur le bord, j'ai eu du jaune jusque sur les doigts.

– C'est difficile, hein ? a dit ma mère.

– Pas du tout !

Nous enduisions chacune une porte du buffet. On voyait les marques du pinceau sur celle de ma mère.

– C'est comme ça qu'il faut faire, elle a expliqué. Il faut toujours mettre une deuxième couche.

Ma porte à moi était toute dégoulinante.

Le téléphone a sonné, et ma mère a décroché :

– Oui ?

Après, elle n'a plus fait qu'écouter pendant un long moment. De temps en temps, elle disait juste « oui », « non » ou « mmmm ». Son visage était devenu tout rouge. Puis, elle a dit : « Où ? »

– C'est qui ? j'ai demandé.

Elle a posé un index sur sa bouche. Puis, elle a enfin dit : « D'accord. Dans ce cas, j'attends. »

Après avoir raccroché, elle est restée un moment comme ça, sans bouger, la main sur le combiné.

– C'était le siège de l'organisation humanitaire, elle a fini par dire.

Je n'arrivais pas à savoir si elle était triste ou contente.

– C'était au sujet de papa ?

Elle a fait oui de la tête.

– Qu'est-ce qu'ils ont dit ?

– Ils l'ont peut-être trouvé. Ce n'est pas encore sûr, Lili. Ils ont dit : peut-être.

J'avais soudain très chaud, et mon corps était parcouru de frissons.

– Comment ça, peut-être ?! j'ai demandé.

Ma mère a pris plusieurs inspirations profondes.

– Je dois rester calme, elle a dit. Tu comprends ça ?

– Oui.

– On leur a dit qu'on avait… trouvé quelqu'un De l'autre côté de la ligne de front. C'est peut-être papa. C'est presque certainement papa.

– C'est papa, j'ai dit.

Elle a fait non de la tête très lentement.

– Ce n'est pas encore sûr. Nous ne disons encore rien à personne. Même pas à mamy.

– Ça veut dire quoi, de l'autre côté de la ligne de front ? j'ai demandé.

Ma mère a fixé un moment la porte du buffet qu'elle venait de peindre en jaune.

– Ça veut dire derrière la ligne où les soldats se battent.

– C'est bien, ça ? j'ai dit. Ou non ?

– Si, a répondu ma mère.

Mais elle l'a dit d'une voix un peu faible.

23

J'avais très envie d'être joyeuse. Je voulais accrocher des guirlandes, préparer un gâteau et danser dans le salon. Je pouvais *presque* être joyeuse, mais pas encore. On avait *presque* retrouvé mon père. Il allait *presque* revenir à la maison. J'étais sur le point d'exploser, avec toutes ces choses qui s'étaient *presque* produites.

Ma mère gardait le téléphone près d'elle. Il sonnait souvent, et chaque fois elle décrochait avec nervosité. En observant son visage, je pouvais dire que ce n'était rien d'important. Elle ne se mettait ni à rire ni à pleurer. Elle était seulement de plus en plus nerveuse.

J'ai peint le buffet toute la journée, parce que je voulais avoir quelque chose à faire. Ma mère n'aidait pas vraiment. Elle chipotait. Elle traversait le salon, venait s'asseoir sur le canapé, se relevait aussitôt. Elle n'a pas fait les courses. À la fin de la journée, elle a appelé la pizzeria. Un livreur en scooter nous a apporté deux pizzas, que nous avons mangées dans leur carton, sur nos genoux. Nous n'avions pas très faim, il en est resté plein.

Il fallait sortir Mona. Je suis allée avec elle et j'ai attendu qu'elle fasse pipi et caca. Après, je l'ai prise dans mes bras et j'ai couru jusqu'à la maison.

– Va dormir ! m'a dit ma mère vers onze heures.

– Non ! j'ai dit. J'attends avec toi.

– Quand on dort, le temps passe plus vite.

Je suis montée dans ma chambre. Lulu était perchée sur sa petite maison. Son abreuvoir était vide et elle n'avait plus rien à manger. Je suis allée chercher de l'eau pour elle dans la salle de bains et je lui ai donné une bonne poignée de nourriture pour souris. Puis, je suis descendue avec ma couette.

– Je vais dormir dans le canapé, j'ai dit.

– Il n'en est pas question ! Ça pue la peinture !

– Et alors ?

– Tu vas avoir mal à la tête.

– Et alors ?

Nous nous sommes regardées.

– Bon, fais comme tu veux, a dit ma mère en haussant les épaules.

Je me suis installée dans le canapé, sous ma couette. Ma mère s'est assise à l'autre bout du divan. J'ai posé mes pieds sur ses genoux. Mona a sauté dans un fauteuil. Elle a tourné en rond plusieurs fois avant de s'affaler. Après quelques minutes, elle ronflait déjà.

J'ai essayé de toutes mes forces de ne penser à rien. Mais plus je faisais de mon mieux, moins mon cerveau acceptait de m'obéir. J'entendais Mona ronfler et je pensais à la passerelle. Je ne l'avais pas laissée tomber, et maintenant j'étais une petite fille avec un chien vivant. C'est vrai, il y avait une souris morte dans mon jardin, mais je n'avais pas de chien mort. Peut-être qu'une souris morte, ce n'était pas assez. Peut-être qu'on ne retrouverait quand même pas mon père. Peut-être que ce n'était pas lui, derrière la ligne de front. Peut-être que c'était quelqu'un d'autre.

– Je t'entends penser jusqu'ici ! a dit ma mère.

– Je n'arrive pas à m'endormir. Je ne peux pas m'empêcher de penser à papa…

– Essaie avec *un chasseur sachant chasser sans son chien*, a dit ma mère.

– Ne dis pas n'importe quoi !

– C'est un truc de mamy. Elle me l'a raconté. Quand elle n'arrive pas à s'endormir, elle répète *un chasseur sachant chasser sans son chien est un bon chasseur*, et elle finit toujours par s'endormir.

Alors j'ai dit :

– Un chasseur sachant chasser sans son chien est un bon chasseur !

– Tu dois le dire tout bas ! Et lentement…

Alors j'ai dit tout doucement :

– Un chasseur sachant chasser sans son chien est un bon chasseur…

Je devais tellement me concentrer pour le dire que j'étais incapable de penser à autre chose. Je l'ai dit des tonnes de fois, de plus en plus bas et de plus en plus lentement…

24

Ma mère m'a réveillée. Elle avait les joues humides et elle reniflait.

– On l'a retrouvé !

J'ai passé mes bras autour de son cou et je l'ai serrée le plus fort possible.

– Quand est-ce qu'il rentre à la maison ? j'ai marmonné.

Sa bouche était tout près de mon oreille.

– Bientôt. Très, très bientôt !

– Il doit revenir MAINTENANT ! j'ai dit.

Elle a commencé à renifler plus fort. J'ai senti les larmes me monter aux yeux. Elles sont venues très facilement. Elles se sont même mises à couler, comme ça.

– Je pleure parce que je suis contente, j'ai dit. C'est bizarre, hein ?

– Non, pas du tout ! elle a dit en m'écrasant comme une crêpe.

– Et toi ? j'ai demandé.

Elle a peu à peu desserré son étreinte. Du revers de la main, elle a essuyé les larmes sur ses joues.

– Oui, elle a dit. Bien sûr que je suis contente.

J'ai compris qu'il y avait autre chose. Quelque chose qu'elle ne voulait pas vraiment dire. Ça se voyait à son visage. Elle regardait un peu derrière moi, comme elle faisait toujours quand elle voulait me cacher quelque chose.

– Qu'est-ce qu'il y a ? j'ai demandé.

– Papa a eu un accident.

Ma tête a commencé à tourner.

– Il est mort ! j'ai dit.

– Non, Lili. Non, ce n'est pas ça. Heureusement, non.

J'ai pris une profonde inspiration.

– Quoi, alors ?

– Un accident. Papa est blessé.

– C'est grave ?

– Ça ira.

Ça tournait de plus en plus vite. Ma mère ne le remarquait pas. Elle était ailleurs. Elle pensait à ce qu'elle savait et que je ne savais pas.

– Je veux savoir ! j'ai dit.

Elle a mis ses mains devant ses yeux et elle est restée comme ça, assise sur le bord du canapé. Après quelques minutes, elle a retiré ses mains et elle m'a regardée droit dans les yeux.

– Une mine a explosé au passage de la Jeep de papa. Je ne sais absolument pas pourquoi il se trouvait là, ni quand c'est arrivé. Je ne sais presque rien.

– C'est très grave, j'ai dit.

Elle n'a pas répondu tout de suite.

– Oui, elle a dit enfin. C'est grave. Sa jambe est… bousillée.

– Bousillée ? Qu'est-ce que ça veut dire ?

– Il est à l'hôpital, maintenant. Pas loin de là où on l'a trouvé. Mais ils veulent le rapatrier le plus vite possible. Pour pouvoir l'aider.

– Mais c'est juste sa jambe, j'ai dit. Pourquoi est-ce que c'est si grave ?

– Quand on a une jambe bousillée, on risque de tomber gravement malade.

– Qu'est-ce qu'on va faire ?

Mais je n'avais pas besoin de réponse. Je comprenais très bien ce que ça voulait dire. Il y a souvent des mines qui explosent, à la guerre. Et les hommes qui sont tout près meurent. Ou alors ils sont tellement blessés qu'ils ont besoin d'un docteur comme mon père. Parfois leur jambe est fichue et parfois il faut la leur couper, parce que, sans ça, ils mourraient. Après, ils marchent avec des béquilles et ils ont un moignon à la place de la jambe. Et voilà qu'une mine avait explosé sous la Jeep de mon père.

– Il faut lui couper la jambe, j'ai dit.

Ma mère a fait oui de la tête.

– Peut-être bien.

J'ai commencé à hoqueter. La pizza est remontée. J'ai vomi sur la couette.

La machine à laver tournait. Ma mère et moi, nous étions toutes les deux dans son lit. J'étais du côté de mon père.

– Lili ?

– Oui ?

– Tu ne dois pas te faire de souci.

– Non.

– Si c'est arrivé, c'est que ça devait arriver. Tu n'aurais rien pu changer. Alors, je ne veux plus que tu penses à des souris ou à autre chose, c'est promis ?

– Oui.

Je savais que ma mère essayait de m'aider, mais il aurait mieux valu qu'elle se taise. Maintenant, je commençais à penser à des souris et à autre chose.

Dans sa chambre, Marjorie avait une vache en plastique : Clara Supervache. On appuyait sur un bouton, et elle meuglait. Puis, elle secouait la tête d'avant en arrière, son pis s'allumait et une voix étrange sortait de son ventre, qui disait : « Du lait ! Du bon lait ! Du lait ! Du bon lait ! » La première fois, c'était marrant, mais, à la longue, on en avait vraiment marre, de Clara Supervache. Eh bien, je commençais à lui ressembler de plus en plus. Sauf que la voix n'était pas dans mon ventre, mais dans ma tête. Je pensais à Mona, aux souris et aux petits chiens morts. Chaque fois exactement de la même manière. Il y avait un bouton de Clara Supervache dans ma tête, et ma mère venait d'appuyer dessus.

– Un chasseur sachant chasser sans son chien est un bon chasseur ! j'ai dit tout bas.

Ça a marché un tout petit peu. Mais après deux ou trois fois, c'est un autre texte qui m'est venu sur la langue :

– Une mine est cachée dans le sol. Elle explose quand on marche dessus… Ou quand on roule dessus en Jeep… Elle attend son heure patiemment, personne ne sait qu'elle est là. C'est comme une balle perdue, sauf qu'elle ne vole pas.

– Chuuuut ! a dit ma mère. Maintenant, on dort !

25

Mon père n'est pas rentré tout de suite à la maison. Il a d'abord fallu régler un tas de choses. Ma mère était pendue toute la journée au téléphone. Nous avions très envie de parler à mon père, mais il était trop malade. Un médecin nous a téléphoné plusieurs fois. Il a tout expliqué à ma mère. Il lui parlait en anglais, et elle lui répondait en anglais. Je ne comprenais presque rien. D'après ma mère, il n'y avait pas grand-chose de neuf. Mon père dormait presque tout le temps, il prenait des médicaments et il ne se rendait pas très bien compte de ce qui se passait autour de lui. C'était à cause des antidouleurs, d'après ma mère.

Je continuais à peindre le buffet toute seule. Après un certain temps, toutes les portes et tous les tiroirs dégoulinaient de jaune.

Tout le monde savait qu'on avait retrouvé mon père. On nous envoyait des cartes et des fleurs. Quand tous nos vases ont été occupés, mamy a apporté les siens. Elle reniflait en mettant les fleurs dedans.

– Ne pleure pas ! a dit ma mère.

– Non, a répondu mamy en continuant à renifler.

À croire que c'était contagieux, car je me suis mise à pleurer moi aussi.

– C'est parce que tout est fini, maintenant, a expliqué ma mère. Ça sort enfin.

Quatre jours après qu'on l'a eu retrouvé, mon père a été rapatrié par avion. Ma mère est allée à l'aéroport, mais moi, j'ai dû rester à la maison.

– Mais je veux voir papa ! j'ai dit.

– Ce n'est pas possible, a répondu ma mère. Vraiment pas. Papa sera directement transféré en ambulance, et après, j'aurai des tas de choses à régler. Tu pourras le voir demain. Je t'emmène à l'hôpital demain, promis !

Le lendemain, j'ai vu mon père, mais de loin. Je l'ai regardé à travers une vitre. J'étais dans un couloir de l'hôpital et je pouvais le voir dans sa chambre à travers la vitre. Mon père avait l'air d'avoir beaucoup plus de choses bousillées que seulement sa jambe. Il était totalement immobile dans son lit.

– Il dort, a dit ma mère.

Des poches d'où partaient des tuyaux étaient suspendues au-dessus de son lit. Je voyais parfaitement le visage de mon père au-dessus du drap. Il avait des taches sombres sur le front et un œil gonflé.

Mamy a frappé à la vitre.

– Il n'entend pas, a dit ma mère.

Quand nous sommes rentrées à la maison, ma mère s'est assise dans le canapé. Juste au milieu. Mamy s'est installée à sa gauche, et moi à sa droite. Mona allait et venait en lorgnant vers le canapé. Mamy et moi, on prenait trop de place à son goût. Finalement, Mona a soupiré et a sauté dans un fauteuil.

– J'ai parlé avec les médecins, a dit ma mère. Ils ont d'abord cru qu'ils pourraient sauver sa jambe. Mais maintenant, ils pensent qu'il est préférable d'amputer.

– Ça veut dire qu'on va lui couper la jambe, m'a expliqué ma grand-mère. C'est très grave, ma chérie. Mais on ne peut pas faire autrement.

Je n'ai pas eu peur. Je n'ai même pas eu la nausée. Peut-être que j'avais épuisé toute ma réserve de peur. Peut-être que je n'en avais plus. J'étais fatiguée. Terriblement fatiguée.

Mamy a tapoté le genou de ma mère, puis elle a dit :

– Tout va s'arranger ! Je connais un unijambiste… Un homme charmant ! Et il sait presque tout faire : il a une jambe artificielle avec des charnières très sophistiquées. Ce sera génial, tu verras !

Ma mère a fait non de la tête.

– Nous n'en sommes pas encore là, elle a dit. Il faut d'abord qu'il se rétablisse et qu'il réapprenne à marcher, cela prendra beaucoup de temps.

– Mais cette jambe est tellement pratique ! a dit mamy.

– Nous n'en sommes vraiment pas encore là, a dit ma mère. Pour le moment, il est trop malade.

– Mais plus tard, a repris mamy. Plus tard, ce sera tellement pratique. J'interrogerai cet homme au sujet de sa jambe.

– Non ! a dit ma mère. Ne fais pas ça.

– Arrêtez ! j'ai crié. Arrêtez, toutes les deux !

Elles m'ont jeté un regard étonné.

Ma mère a voulu que j'aille dormir tôt. Elle m'a accompagnée dans ma chambre et m'a bordée. Lorsqu'elle est redescendue, elle a refermé la porte tout doucement derrière elle. J'étais fatiguée, mais je ne pouvais pas m'endormir tout de suite. Je suis sortie de mon lit et j'ai marché jusqu'à la fenêtre. J'ai retiré le dessin de Marjorie. Le papier collant est resté collé à la vitre. Les coins du dessin se sont déchirés.

Lulu courait dans sa cage. Elle s'arrêtait de temps en temps pour farfouiller dans la sciure. J'ai pensé un tout petit peu à Mona et à la souris morte. Mais elles ont presque aussitôt été chassées de mon esprit. Je n'avais même pas besoin de dire *un chasseur sachant chasser sans son chien est un bon chasseur*. Pour la première fois depuis longtemps, mes pensées sont allées à autre chose. J'ai pensé au planisphère du siège de l'organisation humanitaire. Est-ce qu'ils avaient planté un petit drapeau à l'endroit de l'hôpital ?

Mon père était rentré. Il était vraiment rentré. C'était une vérité trop grande pour mon corps. Mon père était partout : dans ma chambre, dans la maison. Le monde entier était plein de mon père.

26

Le lendemain, je me suis réveillée tard. Mamy était debout dans la cuisine. Elle préparait du pain perdu.

– Où est maman ? j'ai demandé.

– Elle est à l'hôpital.

– Comment va papa ?

– On l'a opéré ce matin.

– On lui a coupé la jambe ?

– On dit « amputé ». Oui, on l'a amputé.

Je voyais bien qu'elle était fâchée.

– C'était nécessaire, non ? j'ai demandé prudemment. Il va pouvoir guérir, maintenant.

Elle a posé deux tranches de pain perdu sur une assiette et me l'a mise dans les mains.

– Mange tant que c'est chaud !

Je me suis assise à table. Je n'avais pas faim. Le pain perdu avait l'air tout gras.

– Pourquoi t'es fâchée ? j'ai demandé. Hier, tu disais que tout allait s'arranger…

Mamy a déposé la poêle d'un coup sec sur le plan de travail.

– C'est mon droit, tout de même ! Je me retrouve subitement avec un fils unijambiste ! elle a dit.

Et elle est sortie de la cuisine.

Elle a refermé la porte du salon derrière elle et je l'ai entendue monter l'escalier en tapant des pieds. Juste après, elle est redescendue et a rouvert la porte.

– Je suis désolée, Lili. Mais je suis furieuse. Quand je l'ai mis au monde, il était entier !

Elle a refermé la porte et elle est remontée en tapant encore des pieds dans l'escalier.

Je suis restée à table. Quand ma mère est rentrée, le pain perdu était froid.

Le soir, nous sommes allées toutes les trois à l'hôpital. Mamy a voulu s'asseoir sur la banquette arrière de la voiture.

– Tu as peur d'aller voir papa ? a demandé ma mère.

Bien sûr que j'avais peur. Je n'avais encore jamais vu d'unijambiste.

– Un peu, j'ai répondu.

– Il ne faut pas avoir peur, ça va.

– Mamy est fâchée, j'ai dit tout bas.

Ma mère a jeté un coup d'œil dans le rétroviseur.

– Je la comprends. Il faut encore qu'elle s'habitue.

– Et toi ?

– Moi aussi, a dit ma mère. Et toi ?

– Moi aussi, j'ai dit. Et toi ?

Elle n'a pas répondu.

– Et toi ? j'ai répété.

– C'est un jeu ? elle a demandé. Moi aussi. Et toi ?

– Moi aussi, j'ai dit. Et toi ?

– Moi aussi, a dit ma mère.

– Hé ho ! Ça suffit comme ça ! a crié mamy depuis la banquette arrière.

Avant d'entrer dans la chambre de mon père, j'ai dû enfiler des habits d'hôpital. L'infirmière a essayé de m'expliquer pourquoi, mais je n'écoutais pas. Je voulais être prête le plus vite possible. J'avais tellement envie d'être avec mon père que j'ai oublié d'avoir peur. J'ai dû enfiler des gants en caoutchouc, une blouse à longues manches, un bonnet et un masque. J'avais peur que mon père ne me reconnaisse pas, car on ne voyait plus que mes yeux.

Mais je suis entrée au moment où il se réveillait et il m'a tout de suite dit :

– Salut, Lili !

Il avait la voix un peu basse et enrouée. C'était la voix qu'il prenait quand il racontait une histoire qui faisait peur. Mais maintenant, ce n'était pas du chiqué, c'était pour du vrai.

Ma mère et mamy se trouvaient de l'autre côté de la vitre. Elles étaient toujours occupées à enfiler leurs habits d'hôpital. Ma mère était juste en train de passer ses bras dans les manches de la blouse.

– Salut, papa ! j'ai dit.

Il m'a regardée. Son œil avait un peu dégonflé.

– Ma chérie !

Mes yeux sont allés vers l'endroit où mon père aurait normalement dû avoir ses deux jambes. On avait fait une petite tente dans son lit. Il était impossible de savoir quelle jambe était encore là. Tout ce que je voyais, c'était un drap bleu qui faisait comme un pont par-dessus ses jambes.

Au-dessus de sa tête, il y avait deux poches reliées à son corps par un tuyau. L'une contenait du sang et l'autre, quelque chose qui ressemblait à de l'eau. Il y avait une grille autour du lit. D'autres poches y étaient accrochées. Une avec du sang et l'autre avec du pipi. Je me suis assise sur le tabouret, le plus loin possible des poches et le plus près possible de la tête de mon père.

– Tu crois que tout va s'arranger ? j'ai demandé.

Mon père a tendu la main. J'ai posé la mienne dessus. Il a commencé à caresser mon gant en caoutchouc avec son pouce.

– Oui, il a dit. Pour nous, oui.

Il a un peu fermé les yeux, puis il a demandé :

– Comment ça va à la maison ?

– On a un nouveau buffet.

27

Ma mère pensait que je devais retourner à l'école.

– Mais ils vont tous me poser un tas de questions !

– Tu raconteras les choses une seule fois, ça suffira, elle a répondu.

Et elle a téléphoné à madame Annette pour lui expliquer avec précision ce qui s'était passé.

Le lendemain matin, je suis allée à l'école. Nous avons commencé par une discussion dans le coin tapis.

– Vous savez tous que le père de Lili a été porté disparu, a dit madame Annette. Et qu'on l'a retrouvé. Et qu'il est blessé. Nous trouvons tous cela très triste. Mais nous sommes bien sûr contents que Lili revienne à l'école. Tu pourrais peut-être nous expliquer comment va ton papa, maintenant, Lili. Ce serait bien, a dit madame Annette en me regardant. Vas-y, Lili !

Alors, j'ai expliqué que mon père était à l'hôpital, qu'il avait eu un accident à cause d'une mine et qu'on lui avait coupé la jambe. Après, ils ont tous pu poser des questions, mais presque personne n'en a trouvé de bonnes.

– Est-ce que ton père sait encore marcher ? a demandé Marjorie.

– Bien sûr que non, j'ai dit. On vient de lui couper la jambe. Mais un jour on lui mettra une jambe artificielle avec des charnières sophistiquées.

– Comment ça marche ? a demandé Joris.

– Je ne sais pas, j'ai dit.

Il y a eu un silence. Puis, Farah a dit :

– Purée ! Je trouve que t'as vraiment pas de bol !

– Moi aussi, a dit Marjorie.

– Oui, a dit Joris. Purée !

Après la discussion en cercle, madame Annette a posé une main sur mon épaule :

– Bravo, Lili !

Tous les enfants, tous les maîtres et toutes les maîtresses ont fait de leur mieux pour être gentils avec moi. Ils étaient tellement gentils que j'en avais marre. Je n'avais qu'une envie, c'était que tout redevienne normal comme avant. Plus les gens étaient gentils, plus c'était dur. À trois heures, j'ai été contente de pouvoir rentrer chez moi. Avec un peu de chance, mamy serait là. Peut-être qu'elle serait triste. Ce serait chouette. Juste ce dont j'avais besoin.

Mais quand je suis rentrée, la maison était vide. Il y avait un mot de ma mère sur la table :

« Bonjour ma chérie !
Ça s'est bien passé, aujourd'hui ?
Je reviens à quatre heures.

Tu voudras bien sortir Mona ?
Bisou
Maman »

J'ai sorti Mona. Nous avons pris la direction du terrain vague, au bout de notre rue. Le grand chien noir était là aussi. Il s'est mis à courir autour de Mona. Elle a commencé à gronder, mais le grand chien noir s'en fichait. Il se plantait devant Mona en remuant la queue et essayait de renifler sa truffe.

– Va-t'en ! j'ai dit au grand chien noir.

Il a remué la queue de plus belle.

Subitement, Mona en a eu assez. Elle a sauté et mordu le grand chien noir au museau. Assez fort, car il s'est enfui en jappant.

En rentrant à la maison, je me sentais un peu mieux. Mona aussi. Elle trottinait derrière moi quand elle a lâché un pet horriblement puant. Si horriblement puant que toute la rue l'a senti.

28

Mon père a été transféré dans une chambre normale. Nous n'avions plus besoin d'enfiler des habits d'hôpital. La petite tente sous les draps avait disparu. Et, heureusement, il n'y avait plus de poches de liquide autour du lit. La nouvelle chambre était grande et bien remplie : elle contenait huit lits et, dans chaque lit, il y avait quelqu'un.

Beaucoup de gens voulaient rendre visite à mon père, mais il ne pouvait recevoir que deux personnes à la fois. Alors, ma mère a dressé une liste. Les noms qui revenaient le plus souvent, c'était les deux nôtres.

Mon père dormait énormément et quand on parlait avec lui, il fermait les yeux de temps en temps. Son visage avait maigri et il avait des cernes sous les yeux. Malgré toutes ses heures de sommeil, il avait toujours l'air fatigué.

Ma mère m'a dit que c'était normal :

– Tu verras, il va aller de mieux en mieux.

Un après-midi, j'étais toute seule à son chevet. Ma mère était partie chercher mamy. J'ai regardé le drap. À l'endroit où mon père n'avait plus de jambe, le lit était vide et plat.

– Tu veux la voir ? a demandé mon père.

– Oui, j'ai dit.

Il a levé le drap et m'a montré sa jambe. Elle s'arrêtait un peu plus bas que son genou. C'était bizarre, une jambe si courte, sans pied. Mais je n'ai pas eu peur. Il y avait un bandage blanc tout autour.

– Ça fait mal ? j'ai demandé.

– Oui. Parfois, ça fait très mal.

– Maman ne pouvait pas s'empêcher de penser à des slips et à des chaussettes.

Il m'a jeté un regard étonné.

– Quand on te cherchait.

– C'est vrai ?

Et mon père a reposé le drap.

– Oui. Mais maintenant, tu auras besoin de moins de chaussettes.

Il a ri un peu.

– C'est une bonne façon de voir les choses.

– Qu'est-ce qui va se passer, après ?

– Ah ! a dit mon père.

– Tu ne pourras plus partir en mission…

Il a soupiré.

– Tu connais l'histoire du bonhomme qui avait peur de tout ?

– C'est une histoire stupide.

– Oui, a dit mon père. C'est une histoire stupide. Mais je ne veux pas être un bonhomme qui a peur de tout.

– Tu n'as plus qu'une seule jambe.

– Je sais.

– Tu ne peux plus partir avec une seule jambe.

– Bien sûr que si. J'aurai bientôt une jambe artificielle ou un fauteuil roulant et avec ça, je pourrai faire le tour du monde !

– Je ne veux pas, j'ai dit.

Mon père m'a serré la main très fort.

– Je t'emmènerai avec moi. Tu pourras pousser mon fauteuil, astiquer ma jambe artificielle et dire à longueur de journée que je dois faire très attention. Et nous éviterons les endroits dangereux.

Il a posé ma main sur son visage. Je sentais les poils sur sa joue.

– Parfois, la nuit, je réfléchis, il a dit. Je ne sais plus ce que je dois faire de ma vie. La seule chose que je sais, c'est que rien ne sera plus comme avant. Et que je ne ferai plus jamais exactement la même chose qu'avant.

– Quand tu ne parviens pas à t'endormir, tu dois dire *un chasseur sachant chasser sans son chien est un bon chasseur !*

– Ça aide ?

– Chez moi, oui.

– Un chasseur sachant chasser sans son chien est un bon chasseur !

– Pas si vite ! Et beaucoup plus bas !

– Un chasseur sachant chasser sans son chien est un bon chasseur… a dit mon père tout doucement.

J'entendais la voix de mamy dans le couloir :

– Les mandarines étaient en promotion, et je ne savais pas quoi apporter d'autre. Il aime les mandarines, non ?

Ma mère était là aussi.

– Seulement s'il n'y a pas de pépins, répondait-elle.

– On fait semblant qu'on dort ! j'ai murmuré à mon père.

Il a fermé les yeux. Je me suis penchée en avant et j'ai posé ma tête sur sa poitrine.

Ma mère et mamy sont entrées dans la chambre.

J'ai plissé les yeux.

– Ils dorment ? a demandé mamy.

– Je crois bien, a répondu ma mère.

J'avais envie de crier : « On vous a bien eus ! » mais j'ai encore attendu un petit peu. La poitrine de mon père montait et descendait lentement. Il respirait.

DANS LA MÊME COLLECTION

Claudine Aubrun
Les Contes de la bisbille

Clotilde Bernos
Aninatou

Marie Bertherat
N, princesse rebelle

Sylviane Doise
La Malédiction de Jack l'Éventreur

Ricardo Gomez
Œil de Nuage

Katherine Hannigan
Ida B.

François Leterrier
Rue Charlot

Claire Mazard
Un cow-boy dans les étoiles

Anne Poiré
Le Journal de ma sœur

Nicole Parrot
Treize étranges histoires

Rosa Amanda Strausz
Un garçon comme moi

RÉALISATION : NORD COMPO À VILLENEUVE-D'ASCQ
DÉPÔT LÉGAL : FÉVRIER 2008
ACHEVÉ D'IMPRIMER EN DÉCEMBRE 2007
SUR LES PRESSES DE RODESA EN ESPAGNE